"一带一路"列国人物传系

总主编◎王 丽

乌兹别克斯坦名人传

THE LEGEND OF THE PEOPLE
ALONG THE BELT AND ROAD
FAMOUS NAMES
OF UZBEKISTAN

主编◎李垂发

当代世界出版社
THE CONTEMPORARY WORLD PRESS

图书在版编目（CIP）数据

乌兹别克斯坦名人传 / 王丽主编；李垂发分册主编 . -- 北京：当代世界出版社，2025. 8. --（"一带一路"列国人物传系）. -- ISBN 978-7-5090-1903-0

Ⅰ . K833.62

中国国家版本馆 CIP 数据核字第 2025H1G370 号

书　　名：	"一带一路"列国人物传系·乌兹别克斯坦名人传
出 品 人：	李双伍
监　　制：	吕　辉
责任编辑：	李丽丽
出版发行：	当代世界出版社
地　　址：	北京市东城区地安门东大街70-9号
邮　　编：	100009
邮　　箱：	ddsjchubanshe@163.com
编务电话：	（010）83907528
	（010）83908410转804
发行电话：	（010）83908410转812
传　　真：	（010）83908410转806
经　　销：	新华书店
印　　刷：	北京新华印刷有限公司
开　　本：	880毫米×1230毫米　1/32
印　　张：	8
字　　数：	150千字
版　　次：	2025年8月第1版
印　　次：	2025年8月第1次
书　　号：	ISBN 978-7-5090-1903-0
定　　价：	42.00元

版权所有，翻印必究；未经许可，不得转载。

《"一带一路"列国人物传系》编辑委员会

指导单位：
中国文学艺术界联合会
中国社会科学院国家全球战略智库

编委会：
主　任：王　丽
副主任：唐得阳　王灵桂
委　员：（按姓氏笔画排序）

丁闻琦	丁　超	于　青	于福龙	马细谱	王成军	王　丽
王灵桂	王建沂	王春阳	王郦久	王洪起	王宪举	王　渊
文　炜	孔祥琇	石　岚	白明亮	冯玉芝	成　功	朱可人
刘　文	刘思彤	刘铨超	安国君	许文鸿	许烟华	孙钢宏
孙晓玲	苏　秦	杜荣友	李一鸣	李永全	李永庆	李垂发
李玲玲	李贵方	李润南	余志和	宋　健	张　宁	张　敏
陈小明	邵诗洋	邵逸文	周由强	周　戎	周国长	庞亚楠
胡圣文	姜林晨	贺　颖	贾仁山	高子华	高宏然	唐岫敏
唐得阳	董　鹏	韩同飞	景　峰	程　稀	谢路军	翟文婧
熊友奇	鞠思佳					

支持单位：
中国社会科学院俄罗斯东欧中亚研究所
北京融商一带一路法律与商事服务中心

法律顾问：
北京德恒律师事务所

总　序
群星闪耀"一带一路"

2013年9月7日，中国国家主席习近平在哈萨克斯坦纳扎尔巴耶夫大学发表演讲，以博古通今的睿智对大学生们娓娓道来丝绸之路古老而年轻的故事。

"2100多年前，中国汉代的张骞肩负和平友好使命，两次出使中亚，开启了中国同中亚各国友好交往的大门，开辟出一条横贯东西、连接欧亚的丝绸之路。

我的家乡陕西，就位于古丝绸之路的起点。站在这里，回首历史，我仿佛听到了山间回荡的声声驼铃，看到了大漠飘飞的袅袅孤烟。这一切，让我感到十分亲切。

哈萨克斯坦这片土地，是古丝绸之路经过的地方，曾经为沟通东西方文明，促进不同民族、不同文化相互交流和合作作出过重要贡献。东西方使节、商队、游客、学者、工匠川流不息，沿途各国互通有无、互学互鉴，共同推动了人类文明进步。"[1]

---

[1]　《习近平谈治国理政》，北京：外文出版社，2014年10月第1版，第287页。

"不同种族、不同信仰、不同文化背景的国家完全可以共享和平、共同发展。这是古丝绸之路留给我们的宝贵启示","为了使我们欧亚各国经济联系更加紧密、相互合作更加深入、发展空间更加广阔,我们可以用创新的合作模式,共同建设'丝绸之路经济带'"。[1]

推己及人,高瞻远瞩,引领时代,习近平主席在阿斯塔纳[2]通过哈萨克斯坦人民,首次向世界发出了让古老的丝路精神再次焕发青春和光彩的时代宣言。

2013年10月3日,习近平主席在印度尼西亚国会发表了题为《携手建设中国—东盟命运共同体》的演讲,首次向世界发出共建21世纪海上丝绸之路的倡议。

"东南亚地区自古以来就是'海上丝绸之路'的重要枢纽,中国愿同东盟国家加强海上合作,使用好中国政府设立的中国—东盟海上合作基金,发展好海洋合作伙伴关系,共同建设21世纪'海上丝绸之路'","发挥各自优势,实现多元共生、包容共进,共同造福于本地区人民和世界各国人民"。[3]

这个倡议和9月7日的演讲异曲同工、遥相呼应、互为

---

[1] 《习近平谈治国理政》,北京:外文出版社,2014年10月第1版,第287页。
[2] 哈萨克斯坦首都,2019年3月改名为努尔苏丹。
[3] 《习近平谈治国理政》,北京:外文出版社,2014年10月第1版,第293—295页。

映衬，完整地提出了"丝绸之路经济带"和"21世纪海上丝绸之路"的宏伟构想。

从广袤的亚欧腹地哈萨克斯坦到风光旖旎的印度尼西亚，习近平主席提出的"丝绸之路经济带"和"21世纪海上丝绸之路"吸引了世界各国的目光。从2013年9月至2016年8月，习近平主席出访37个国家（亚洲18国、欧洲9国、非洲3国、拉美4国、大洋洲3国），对"一带一路"倡议的总体框架和基本内涵做了充分阐述。和平合作、开放包容、互学互鉴、互利共赢的丝路精神，共商、共建、共享的治理理念，驱散了"去全球化"的阴霾，为增长乏力的世界经济注入新的动能。各国纷纷将本国经济发展与中国政府制定的《推动共建丝绸之路经济带和21世纪海上丝绸之路的愿景与行动》规划相对接。"一带一路"倡导的政策沟通、设施联通、贸易畅通、资金融通、民心相通，正在以基础设施、经贸合作、产业投资、能源资源、金融支撑、人文交流、生态环保、海洋合作等为载体和依托，在全球掀起了投资兴业、互联互通、技术创新、产能合作的新势头。2016年中国牵头成立有57个成员国加入的亚洲基础设施投资银行（AIIB），截至2018年12月19日成员总数增至93个，在13个国家开展35个项目。孟加拉配电系统升级扩容项目、印尼全国棚户区改造项目、巴基斯坦国家高速公路项目和塔吉克斯坦杜尚别至乌兹别克斯坦道路改造项目已经获得亚投行融资支持,共商共建共享成为现实。

"一带一路"倡议得到国际社会的积极响应。2016年11月17日,第71届联合国大会193个成员国一致赞同,通过了第A/71/9号决议,欢迎"一带一路"倡议,敦促各方通过参与"一带一路"倡议,促进阿富汗及地区经济发展,呼吁国际社会为开展"一带一路"建设提供安全环境保障。2017年3月17日,联合国安理会一致通过第2344号决议,呼吁国际社会凝聚援助阿富汗共识,通过"一带一路"建设等加强区域经济合作,敦促各方为"一带一路"建设提供安全环境保障。

2017年1月,习近平主席在联合国日内瓦总部发表题为《共同构建人类命运共同体》的重要演讲,全面深入系统阐述人类命运共同体重大理念,为解决全球性挑战提出中国方案,在国际上引起热烈共鸣,受到各方普遍欢迎和高度评价。3月23日,联合国人权理事会第34次会议通过关于"经济、社会、文化权利"和"粮食权"两个决议,决议明确表示支持"构建人类命运共同体"。这是人类命运共同体理念首次载入联合国人权理事会决议,标志着这一理念成为国际人权话语体系的重要组成部分。

"一带一路"不是中国的独角戏,是与亚、欧、非洲及世界各国共同奏响的交响乐。中国恪守联合国宪章宗旨和原则,坚持开放合作、和谐包容、政策沟通,培育政治互信,建立合作共识，协调发展战略，促进贸易便利化及多边合作体制机制。中国携手100多个国家和地区，依托国际大通道，以陆上沿线中心城市为支撑，以重点经贸产业园区为合作平台，共同打造的新亚欧大陆桥、中蒙俄、中国—中亚—西亚、中巴、孟中印缅、中国—中南半岛等国际经济合作走廊进展顺利，中欧班列在贸易畅通上动力强劲、风景亮丽；以海上重点港口为节点，共同建设通畅安全高效的运输通道，实现陆海联动，太平洋、印度洋、大西洋上巨轮往来频繁，互通有无。亚太经合组织、亚欧会议、大湄公河次区域合作的有关决议和文件，都体现了"一带一路"建设内容。丝路基金、开发性金融、供应链金融汇聚全球财富，建设绿色、健康、智慧、和平的丝绸之路，增进各国民众福祉。

"一带一路"是人类历史上前所未有的宏伟蓝图，也是横跨亚非欧连接世界各国的暖心红线。丝绸之路经济带包括中国经中亚、俄罗斯至欧洲（波罗的海）、中国经中亚、西亚至波斯湾、地中海，中国至东南亚、南亚、印度洋；21世纪海上丝绸之路包括从中国沿海港口过南海到印度洋，再延伸至欧洲和南太平洋。一路驼铃声声、舟楫相望，互通有无、友好交往。

在新的时代，在创新古老丝路精神的伟大进程中，习近平主席专门缅怀丝路开拓者，特意致敬古丝路精神奠基人：

"我们的祖先在大漠戈壁上'驰命走驿,不绝于时月',在汪洋大海中'云帆高张,昼夜星驰',走在了古代世界各民族友好交往的前列。甘英、郑和、伊本·白图泰是我们熟悉的中阿交流友好使者。丝绸之路把中国的造纸术、火药、印刷术、指南针经阿拉伯地区传播到欧洲,又把阿拉伯的天文、历法、医药介绍到中国,在文明交流互鉴史上写下了重要篇章。

"千百年来,丝绸之路承载的和平合作、开放包容、互学互鉴、互利共赢精神薪火相传。"[1]

这种吃水不忘挖井人的情怀,再次展现了中华民族不忘历史、纪念先贤、展望未来的优秀文化基因,也为中国传记文学学会参加"一带一路"建设指明了方向和道路。

在古老的丝绸之路上,我们不曾相忘:张骞出使西域到过的世界上最大的内陆国家哈萨克斯坦、山高水长的好邻居巴基斯坦、横跨欧亚大陆的俄罗斯、草原之国蒙古、喜马拉雅浮世天堂尼泊尔、菩提恒河保佑之国印度、文化瑰宝伊朗、首创法典之国伊拉克、红海门户也门、石油王国沙特阿拉伯、波斯湾明珠巴林、雪松之国黎巴嫩、海湾之秀科威特、沙漠之巅阿联酋、半岛明珠卡塔尔、霍尔木兹海峡守门人阿曼、

---

[1] 习近平:《弘扬丝路精神,深化中阿合作》,2014年6月5日,习近平在中阿合作论坛第六届部长级会议开幕式上的讲话,载《人民日报》,2014年6月6日,第1版。

万湖之国白俄罗斯、欧亚十字路口土耳其、流着奶和蜜之地以色列、欧洲粮仓乌克兰、亚平宁半岛上的文化巅峰意大利、欧洲屋脊瑞士、玫瑰之国保加利亚、与灵魂对话的思辨之国德意志、欧洲文化殿堂法兰西、欧洲客厅比利时、郁金香之国荷兰、热情如火的西班牙,还有绅士国度英国、北非金字塔之国埃及、非洲屋脊埃塞俄比亚、香草之都马达加斯加,等等。

沿着海上丝绸之路,我们会领略橡胶王国马来西亚、花园国度新加坡、千岛之国菲律宾、赤道翡翠之国印度尼西亚;沿澜沧江一路南下,我们不曾相忘澜湄泽润之国越南、千佛之国泰国、微笑之国柬埔寨、万象之都老挝、印度洋上明珠之国斯里兰卡、印度洋上的明珠和钥匙毛里求斯、堆金积玉之国文莱、追求自由之国东帝汶、印度洋上的世外桃源马尔代夫、骑在羊背上的国家澳大利亚、上帝的后花园新西兰,等等。

"一带一路"沿线国家里,那些千百年来影响了人类与社会发展、国家与民族命运,并与中国曾经有过交往的古今人物,至今还能在教科书、影视剧里看到他们,还能感受到他们在一代又一代年轻人身上所产生的影响和魅力。

当然,对于中国人来说,更为熟悉的是丝绸之路的开拓者。曾记否?丝绸之路开拓者中,有汉武帝和他的使节们,有首开大唐盛世的唐太宗及其臣民,有再续睦邻通商航海路的宋祖朝廷和无数先贤,还有金戈铁马风漫卷的元代人物,一统江山万里帆的明代人物，环球凉热自清浊的清代人物，东西碰撞溅火花的近代人物，还有经受风雨变迁、勇立海国之志的现代人物，更有丝路明珠敦煌莫高窟的守护者，卫国助邻的将军和通司中外的外交家们。当然，数风流人物，还看今朝，我们不能不浓墨重彩地讴歌那些智通商海，投身到新丝路建设中的当代人物。

耕云播雨，香火延续，智慧传承，历史再续！2100多年的友好交往历史从未隔断，惠及三大洲的中西交流从未停歇，21世纪的"中国梦"和"世界梦"汇成了人类命运共同体的时代和弦，响彻"一带一路"辽阔的长空。也正因如此，2017年5月，北京喜迎来自"一带一路"相关国家的元首、政府首脑、前政要、知名企业家和专家学者等各界代表，以及国际组织的负责人等千名领袖，出席第一届"一带一路"国际合作高峰论坛。"千人盛会"共襄"团结互信、平等互利、包容互鉴、合作共赢"[1]之盛举，共商"造福沿途各国人民的大事业"[2]之合作共赢大计。这是中华民族和世界历史上都应该铭记的大日子。

以人物传记写作为己任的中国传记文学学会，在"一带

---

[1] 习近平：《弘扬人民友谊，共创美好未来》，2013年9月7日，习近平主席在哈萨克斯坦纳扎尔巴耶夫大学的演讲。
[2] 同上。

一路"倡议实施中，肩负"讲好'一带一路'民心相通好故事"的使命和责任，这也是国家赋予我们的根本职责和任务。在中国文学艺术界联合会的领导下，在中国社会科学院国家全球战略智库指导下，中国传记文学学会以赤诚的家国情怀、强烈的时代精神、为人传记的责任担当，在认真调研、周密谋划、精心组织基础上，毅然决定倾注全力组织编写出版《"一带一路"列国人物传系》。此皇皇百卷传系讲述近千名各国人物故事，集数百位专家作家尽心挥毫，夜以继日，……幸得中国民营经济国际合作商会倾力赞助，又得中央文化企业当代世界出版社有限公司出版发行。于是，各位读者得以读到手中的这套活泼而不失厚重、有趣而不失学养的列国人物合传书卷。

孔子曰："仁者，人也。"让各国的先贤智者的思想光辉，照亮我们探索人类未来的道路。

传记明志，落笔为文，是为总序。

中国传记文学学会会长
《"一带一路"列国人物传系》编委会主任　王丽博士
2019年3月30日

Introduction:
The Star-studded "Belt and Road"

On September 7, 2013, Chinese President Xi Jinping delivered a speech at Kazakhstan's Nazarbayev University, telling college students the ancient yet up to date stories of the Silk Road with well-versed wisdom.

"More than 2,100 years ago during the Han Dynasty (206 BC-AD 220), a Chinese envoy named Zhang Qian was twice sent to Central Asia on missions of peace and friendship. His journeys opened the door to friendly contacts between China and Central Asian countries, and started the Silk Road linking east and west, Asia and Europe.

Shaanxi, my home province, is right at the starting point of the ancient Silk Road. Today, as I stand here and look back at that history, I seem to hear the camel bells echoing in the mountains and see the wisp of smoke rising from the desert, and this gives me a specially good feeling.

Kazakhstan, located on the ancient Silk Road, has made an important contribution to the exchanges between the Eastern and Western civilizations and the interactions and cooperation between various nations and cultures. This land has borne witness to a steady stream of envoys, caravans, travelers, scholars and artisans traveling between the East and the West. The exchanges and mutual learning thus jointly promoted the progress of human civilization."[1]

"[C]ountries of different races, beliefs and cultural backgrounds are fully able to share peace and development. This is the valuable inspiration we have drawn from the ancient Silk Road," and "[t]o forge closer economic ties, deepen cooperation and expand development space in the Eurasian region, we should take an innovative approach and jointly build an economic belt along the Silk Road." [2]

With caring, vision and leadership, through the people of Kazakhstan in Astana, President Xi Jinping, for the first time, has made a declaration to the world that will rejuvenate the spirit of the ancient Silk Road.

On October 3, 2013, President Xi Jinping gave a speech titled "Work together to build a China-Asean community with a shared future "at the people's Representative Council of Indonesia, proposing to the world to build a 21st Century Maritime Silk Road.

"Southeast Asia has since ancient times been an important hub along the ancient Maritime Silk Road. China will strengthen maritime cooperation with the ASEAN countries, and the China-ASEAN Maritime Cooperation Fund set up by the Chinese government should be used to develop maritime partnership in a joint effort to build the 'Maritime Silk Road' of the 21st century." And "[t]he two sides need to give full rein to our respective strengths to enhance diversity, harmony, inclusiveness and common progress in our region for the benefit of both our people and the people outside the region."[3]

---

[1] *Xi Jinping: The Governance of China*. 1st ed., Foreign Languages Press, Beijing, October 2014, p.287.
[2] Ibid, at 287.
[3] *Xi Jinping: The Governance of China*. 1st ed., Foreign Languages Press, Beijing, October 2014, pp.293-295.

This initiative and the speech on September 7 both express the same idea and echo with each other, completing a grand vision of the "Silk Road Economic Belt" and the "21st Century Maritime Silk Road."

From Kazakhstan in the vast Eurasian hinterland to the beautiful scenery of Indonesia, President Xi Jinping's proposed "Silk Road Economic Belt" and "21st Century Maritime Silk Road" have attracted the attention of countries all over the world. From September 2013 to August 2016, President Xi visited 37 countries (18 in Asia, 9 in Europe, 3 in Africa, 4 in Latin America and 3 in Oceania), and fully elaborated on the overall framework and basic connotation of the "Belt and Road" initiative. The Silk Road spirit of peace and cooperation, openness and inclusiveness, mutual learning, and mutual benefit, combined with the idea that projects should be jointly built through consultation to meet the interests of all, dispels the haze of "de-globalization" and injects new kinetic energy into the sluggish growth of the world economy. Many countries have linked up their own economic development to the "Vision and proposed actions outlined on jointly building Silk Road Economic Belt and 21st- Century Maritime Silk Road" proposed by the Chinese government.

The "Belt and Road" initiative advocates policy coordination, facilities connectivity, unimpeded trade, financial integration, and people-to-people bond. With the emphasis on infrastructure build-up, economic and trade cooperation, industrial investment, energy resources development, financial support, people-to-people exchanges, ecological environmental protection, and marine cooperation, the initiative has set off a new momentum in investment, trade activity, technological innovation, and production capacity cooperation in the world. In 2016, China led the establishment of the Asian Infrastructure Investment Bank (AIIB), which was joined by 57 member states. As of Dec 19, 2018, the total number of members increased to 93, and 35 projects had been carried out in 13 countries. The Bangladesh Power Distribution System Upgrade Expansion Project, the Indonesia National Shanty Town Transformation Project, the Pakistan National Highway Project and the Tajikistan Dushanbe-Uzbekistan Border Road Improvement Project have received financial support from the AIIB. The idea of joint project implementation through consultation to meet the interests of all has since turned into reality .

The "Belt and Road" initiative has drawn strong and positive feedback from the international community. On November 17, 2016, the 71st session of the 193 members of the United Nations General Assembly unanimously endorsed the adoption of resolution A/71/9 to welcome the "Belt and Road" proposal, encouraging all of its member states to boost economic development of Afghanistan and the region through participation in the proposed project. In addition, it called on the international community to provide a safe and secure environment for the implementation of the initiative. On March 17, 2017, the United Nations Security Council unanimously adopted resolution NO. 2344, and called on the international community to rally assistance to Afghanistan, and strengthen regional economic cooperation through the "Belt and Road" strategy, etc. It also urged all parties to provide a safe and secured environment for carring out the program.

In January 2017, President Xi Jinping delivered a keynote speech at the United Nations Office at Geneva titled "Work Together to Build a Community of Shared Future for Mankind," comprehensively and systematically elucidated the fundamental idea of a community with a shared future for mankind, and proposed Chinese Solutions to global problems, which echoed enthusiastically in the international community and was widely welcomed and highly applauded by many countries, organizations and political parties. At its 34th meeting, on March 23, the United Nations Human Rights Council adopted two resolutions on "economic, social and cultural rights" and "the right to food," which clearly stated the need to "build a community with a shared future for mankind." This is the first time the concept of a community with a shared future for mankind has been incorporated into a UN Human Rights Council resolution, and it has become an important part of the international human rights discourse system.

The "Belt and Road" is not a solo play by China only, but a symphony played in concert with Asia, Europe, Africa and countries around the world. China abides by the purposes and principles of the UN Charter, advocates openness and cooperation, espouses harmony and inclusiveness, supports policy coordination, fosters political mutual trust, builds consensus on cooperation, coordinates development strategies and promotes trade facilitation and the institutional mechanisms of multilateral cooperation. China has joined hands with more than 100 countries and regions to co- create a new Eurasian continental bridge. This has been accomplished by taking advantage of international transport routes that are supportive of the central cities along the "Belt and Road", and building key economic and trade industrial parks as a platform for cooperation. China-Mongolia-Russia, China-Central Asia-West Asia, China-Pakistan, Bangladesh-China-India-Myanmar, China-Indochina Peninsula and other international economic cooperation corridors are progressing smoothly. China Railway Express accentuates trade and shipping overland between China and Europe with a bright future. Meanwhile, key sea ports also serve as the nodes to jointly build a smooth, safe and efficient transportation network, and hence enables a close connection between land and sea routes. Together with the overland cargo train transportation, the frequent cargo ships sailing on the Pacific, Indian and Atlantic Oceans poses an amazing picture. In summary, the relevant resolutions and documents of the Asia-Pacific Economic Cooperation, the Asia-Europe Meeting, and the Greater Mekong Subregion Economic Cooperation program all embody the "Belt and Road" initiative. By bringing together the world's wealth, Silk Road Fund, development finance, and supply chain finance strive to build a green, healthy, intelligent and peaceful Silk Road, and enhance the wellbeing of people around the globe.

The "Belt and Road" is a grand blueprint that has never been seen in human history. It is also a warm heart line that connects Asia, Africa and Europe to countries around the world. The Silk Road Economic Belt includes China via Central Asia, Russia to Europe (Baltic Sea), China via Central Asia, West Asia to the Persian Gulf, the Mediterranean Sea, China to Southeast Asia, South Asia, and the Indian Ocean; the 21st Century Maritime Silk Road includes from China's coastal ports to the South China Sea as well as the Indian Ocean that extends to Europe and the South Pacific. Friendly exchanges among countries are just a camel-ride and a boat trip away from each other.

In this new era and the great course of renovating the spirit of the ancient Silk Road, President Xi Jinping dedicated to cherish the pioneers of the Silk Road and particularly pay tribute to the founders of the spirit of the ancient Silk Road:

"In ancient times, our ancestors struggled through deserts and sailed in boundless seas to transport Chinese products to countries overseas, taking a lead in international friendly contact. Along that path, Kan Ying,

Zheng He and Ibn Battuta were all known as envoys of this China-Arab friendship. Through the Silk Road, Chinese inventions like paper-making, gunpowder, printing and the magnetic compass were spread to Europe, and Arabic conceptions like astronomy, the calendar and medicine were introduced to China.

For hundreds of years, the spirit that the Silk Road bears, namely, peace and cooperation, openness and inclusiveness, mutual learning, mutual benefits and win-win results, has lived on through generations."[1]

There is a Chinese saying that when you drink the water, think of those who dug the well. The implication that the Chinese people never forget history is clearly demonstrated in our excellent cultural tradition of commemorating the sages and at the same time looking forward to the future. It also points out the direction and path for the Chinese Biographical Literature Society to participate in the "Belt and Road" initiative.

On the ancient Silk Road, we have never forgotten Zhang Qian's diplomatic missions to the western regions in Han Dynasty that include Kazakhstan, the good neighbor Pakistan with high mountains and beautiful rivers, acrossing Eurasia country Russia, grassland country Mongolia, Himalaya floating paradise Nepal, Bodhi Ganges blessed country India, cultural treasure Iran, the first Codex System member country Iraq, Red Sea gateway Yemen, oil kingdom Saudi Arabia, the Persian Gulf pearl Bahrain, cedar country Lebanon, Gulf Star Kuwait, desert peak UAE, the Peninsula pearl Qatar,and Oman - the gatekeeper

---

[1] Xi Jinping: "Promoting the Silk Road Spirit and Deepening China-Arab Cooperation." Key note speech at the opening ceremony of the 6th Ministerial Meeting of the China-Arab States Cooperation Forum, June 6, 2014, People's Daily, section one.

of Hormuz Strait, thousand-lake country Belarus, Turkey at the Eurasian crossroads, Israel - a land flowing with milk and honey, Ukraine of European granary, Italy - the cultural pinnacle of Apennines, Switzerland on the top of Europe, rose country Bulgaria, and Germany, a nation famous for great thinkers, France, the center of the European culture, the welcoming and comfortable Belgium, tulip country Netherlands, the warm and sunny Spain, as well as the elegant England, pyramid country Egypt in North Africa, Ethiopia on the roof of Africa, the Vanilla Capital country Madagascar, and so on.

Along the Maritime Silk Road, we will come across Malaysia, the country of rubber, garden country Singapore, the Thousand Islands country Philippine, and Indonesia, an emerald on the equator line. Down the Lancang-Mekong River all the way south, we will experience Vietnam whose land moistened by the Lancang-Mekong River, Thailand, the country of thousand Buddhas, the smiling country of Khmer Cambodia, and Laos, the "Land of a Million Elephants." On the Indian Ocean, we will also see the ocean pearl Sri Lanka, the ocean star and key Mauritius, the rich and abundant Brunei, the freedom seeker East Timor, the idyllic Maldives, and Australia, a country on the back of the sheep, New Zealand, the back garden of God, and so on.

In the countries along the Belt and Road, those ancient and modern figures who have influenced human and social development, the destiny of countries and nations for thousands of years, and have had dealings with China are still seen in today's textbooks, movies and television dramas. Their influence and charm are still felt by generations of young people.

Certainly, for the Chinese people, we are more familiar with the pioneers of the Silk Road. Have we ever remembered? Among the trail blazers of the Silk Road were Emperor Wu of Han Dynasty and his envoys, Emperor Li Shimin, the co-founder of the Tang Dynasty that epitomized a golden age and his subjects, the Song imperial court and numerous sages who continued good-neighbor practice and friendly maritime navigation, as well as the Yuan Dynasty warriors who led armored cavalry with shining spears, the Ming Dynasty figures who unified the country, and the Qing Dynasty characters who maintained a clear mind during global turmoil, as well as the modern individuals who, by learning from both the west and the east in a time of rapid change, had the courage to build a sea power nation. There were also the guardians of Dunhuang Mogao Grottoes known as the Silk Road Pearl, the generals who safeguarded the country and helped the neighbors, and the diplomats who convey information and messages between China and foreign countries. Without a doubt, it is our current era that features true heroes. We can not praise highly enough the contemporary people who have been plunging themselves into the development of the new Silk Road.

Hard work pays off, family line continues, wisdom passes on, and history pushes forward! The history of friendly exchanges for more than 2,100 years has never ceased, and traffic between China and the West, which benefits the three continents, has been nonstop. The "Chinese Dream" and "World Dream" in the 21st century have become the chord of our time for humanity's shared future, resounding on the "Belt and Road." For this reason, in May 2017, Beijing welcomed thousands of leaders from all walks of life, including heads of government, former eminent statesmen, well-known entrepreneurs, distinguished experts and scholars from the "Belt and Road" countries, as well as leaders of international organizations to attend the first "Belt and Road" Forum for International Cooperation. This grand event of "Thousands of people's meeting" shared "solidarity, mutual trust, equality, inclusiveness, mutual learning and win-win cooperation"[1] and exchanged views on this "great undertaking benefiting of the people of all countries along the route."[2] This is a big day that should be remembered in the history of the Chinese nation and the world.

In the implementation of the "Belt and Road" initiative, the Chinese Biographical Literature Society that devotes to biography writing, takes as its the mission "telling the good stories" of the "Belt and Road," which is also the responsibility entrusted to us by the state.

Under the leadership of the China Federation of Literary and Art Circles and the guidance of the National Global Strategic Think Tank of the Chinese Academy of Social Sciences, the Chinese Biographical Literature Society, with its love for the family and the nation, a keen spirit of the age and the responsibility of writing decent biographies, by careful research, thorough planning and thoughtful organization, made an unwavering decision to devote itself to organizing and publishing the "The Legend of the People along the Belt and Road nations." These brilliant volumes of biographies tell the stories of nearly a thousand national characters, involving laborious work from hundreds of expert writers who had been writing day and night over last year. Our gratitude extends to China International Chamber of Commerce for the Private Sector for their sponsorship, and Contemporary World Publishing House Co., Ltd., a central state cultural enterprise, for the publication distribution. Thanks to their generosity and effort, readers now have the opportunity to

---

[1] Xi Jinping: "Promote Friendship between Our People and Work Together to Build a Bright Future." Keynote speech at Nazarbayev University in Kazarkhstan, September 7, 2013.
[2] Ibid.

read the vivid yet serious and interesting yet enlightened biographies of outstanding people from many nations.

Confucius said, "Benevolence is the characteristic element of humanity." Let the brilliant ideas of the wise men of all nations light up our path to explore the future of mankind.

The biographies are written for high ideals. Herein is the introduction.

President of the Chinese Biographical Literature Society
Director of the Editorial Board of
"The Legend of the People along the 'Belt and Road'"
Dr. Wang Li
March 30, 2019

目 录

引 言　　　　　　　　　　　　　001

Chapter 01

共和国首任总统
——卡里莫夫　　　　　　　011

01 出身贫门，胸怀大志　　　014
02 早年得志，平步青云　　　016
03 强势总统，铁腕治国　　　021
04 国际舞台，外交高手　　　026
05 幽默诙谐，硬汉柔情　　　036

Chapter 02

中世纪天文学奠基人
——费尔干尼　　　　　　　039

01 人生中的科学殿堂　　　　041
02 不朽的天文学论著　　　　045
03 费尔干尼的星盘　　　　　049
04 精良的尼罗河丈量仪　　　051

Chapter 03 世界代数之父——花拉子米　　055

01 中亚古国的天才数学家　　058
02 "智慧宫"中的领军人物　　060
03 世界数学史上的里程碑　　063
04 照亮世界的科技之光　　069

Chapter 04 伊斯兰教圣训学泰斗——布哈里　　075

01 从小多舛的命运　　078
02 艰辛的成名之路　　079
03 一代大师的高贵品格　　083
04 宝贵的精神遗产　　087
05 圣训学的汉译研究　　092

Chapter  中世纪杰出的哲学家和医学家——伊本·森纳　　099

01 平凡而艰辛的一生　　102
02 伊本·森纳的逻辑学　　105
03 伊本·森纳的形而上学　　109
04 伊本·森纳的心理学　　114
05 伊本·森纳的巨著——《医典》　　118
06 结束语　　124

Chapter 06 百科全书式的中亚学者
——比鲁尼 127

01 游学生涯 129
02 在宫中的岁月 132
03 在印度的岁月 135
04 科学上的成就与贡献 137

Chapter 07 称霸中亚的一代枭雄
——帖木儿 147

01 传奇的一生 149
02 帝国的崛起 154
03 帝国走向衰亡 167
04 与中国的关系 170

Chapter 08 杰出的帝王天文学家
——兀鲁伯 175

01 马车上长大的贵族 177
02 执政年代的文化建树 181
03 对天文学的伟大贡献 184
04 在其他方面的成就 188
05 来自撒马尔罕的历史遗产 191

乌兹别克文学鼻祖——纳沃伊　　**195**

01 一生起伏的命运　　**198**
02 独特的文学思想与成就　　**204**
03 纳沃伊与中国　　**212**

后　记　　**219**

Contents

Introduction / 001

The Republic's Founding Father: Karimov / 011
Pillar of Medieval Astronomy: Farghani / 039
The Father of Algebra: Khwarizmi / 055
Master of Islamic Hadith: al-Bukhari / 075
Philosopher And Medical Scientist of the Medieval Age: Ibn Sīna / 099
An Encyclopedic Intellect of Central Asia: al-Biruni / 127
The Formidable Conqueror Who Forged an Empire in Central Asia: Timur / 147
Outstanding Astronomer on the Throne : Mirzo Ulug`bek / 175
Father of Uzbek Literature : Navoiy / 195

Afterword / 219

引 言

乌兹别克斯坦共和国（英语：The Republic of Uzbekistan），简称乌兹别克斯坦，是中亚中部一个美丽的内陆国家。它像一颗璀璨的明珠，镶嵌在中亚的大地上。它南邻阿富汗，北部和东北部与哈萨克斯坦接壤，东、东南与吉尔吉斯斯坦、塔吉克斯坦相连，西与土库曼斯坦毗邻。东西长1425公里，南北宽930公里。国土总面积约44.89万平方公里。

乌兹别克斯坦地处阿姆河和锡尔河之间，境内有平原、高山和沙漠，其中平原低地约占国土总面积的80%，但大部分是荒漠。西北部是克孜勒库姆沙漠，中部和西部也主要是沙漠地带，东部和南部是绵延千里的天山山系和吉萨尔—阿赖山脉。

乌兹别克斯坦没有出海口，属于内陆国家，周围直接接壤的邻国也是内陆国家，所以乌兹别克斯坦又是"双内陆国家"。世界上只有乌兹别克斯坦和列支敦士登为"双内陆国家"。

乌兹别克斯坦是典型的温带大陆性气候。其特点是冬季寒冷，夏季炎热，昼热夜凉。气象专家认为，平原和山区温度达到42—47℃是很正常的，而沙漠地带气温可高达70℃。乌兹别克斯坦的另一大特点是日照时间长，夏天的日照时间最长可达15个小时，冬天不少于9个小时，一年日照时长有2700—2980小时，北部地区有2800—3130小时。

乌兹别克斯坦是个多地震的国家，震级曾达到9级。据记载，乌兹别克斯坦历史上发生过6次毁灭性的大地震，1966年4月26日的塔什干大地震，整个城市瞬间成为一片废墟。

乌兹别克斯坦矿产资源丰富。目前已探明的矿产资源有近100种，其中石油、天然气、黄金、煤、铀的储量较大。世界地质专家估计，乌兹别克斯坦的矿产资源总价值约为3.5万亿美元。乌兹别克斯坦有"四金"之称：黄金、白金（棉花）、黑金（石油）、蓝金（天然气），其中黄金产量在中亚国家中名列第一。石油、天然气除自给外，还可出口。通过中国—中亚石油天然气管道，乌兹别克斯坦每年向中国出口大量的天然气。

乌兹别克斯坦是个多人口、多民族的国家。乌兹别克斯坦人口增长很快，目前已达3754万（2025年3月数据），是中亚人口大国。乌兹别克斯坦共有130多个民族，乌兹别克族占80%，俄罗斯族占5.5%，塔吉克族占4%，哈萨克族占3%，卡拉卡尔帕克族占2.5%，鞑靼族占1.5%，吉尔吉斯族占1%，朝鲜族占0.7%。此外，还有土库曼、乌克兰、维吾尔、亚美尼亚、土耳其、白俄罗斯族等。乌兹别克语为官方语言，俄语为通用语言。

乌兹别克斯坦占主导地位的宗教是伊斯兰教，多数乌兹别克斯坦人信仰伊斯兰教逊尼派，其余多信奉东正教。乌兹别克斯坦宪法规定：每个人都有权信仰或者不信仰任何宗教。政府对宗教有严格的管理政策,国家不干涉宗教组织的活动。1991年乌通过的宗教信仰自由和宗教组织的法令规定，只有接受过宗教教育的乌公民才可以担任宗教组织的领导人；由"穆夫提"（教法说明官）担任乌伊斯兰事务管理机构领导人，负责管理全国的宗教事务。为了加强对伊斯兰文化的研究，乌兹别克斯坦于1995年成立了塔什干伊斯兰国际研究中心，1999年成立了塔什干伊斯兰大学。

乌兹别克斯坦人至今保留着传统的生活习俗。乌兹别克斯坦人的服饰种类因地域和气候的不同而各异。南部气候炎热，人们在衣着上讲究宽大，直筒样式，一般选择以红色为主的艳丽的布料缝制。头上戴的是那种厚厚的皮毛帽子。一般来说，夏天戴帽子是不可思议的。奇怪的是，戴着这样的帽子走在太阳底下，哪怕气温高达50℃，也不会感到热。乌兹别克斯坦的费尔干纳盆地和塔什干州以种植业为主，因此人们的衣着是紧贴身的，布料都是黑、蓝、绿单色。头上戴的是四季分明的帽子，有三角巾、针织头巾、绣花小圆帽和毛皮帽子。乌兹别克斯坦人节日的服饰更别具特色。男人一般穿有条纹的、颜色鲜亮或单一的丝绸长衫，头戴丝绸做的绣花小圆帽。妇女穿色泽鲜亮的、有实褶的、肥大的丝绸连衣裙，头上戴的是彩色或白色的头巾，也能戴绣花小帽。男人的传统长袍和绣花小圆帽，至今仍是各种仪式和庆典活动最高贵的纪念品。

乌兹别克斯坦人的饮食主要以牛羊肉、大米和面粉为主。最常见的食品有馕、拉面、羊肉汤、烤包子、烤肉串和手抓饭。馕是乌兹别克斯坦人的一种主食，相当于面包。吃馕很有讲究，一不能拿着整个馕啃；二不能用刀切，要用手掰成小块放在桌上；三不能反着放，必须将馕的正面朝上。乌兹别克斯坦人有饮茶的习惯，一般是砖茶和红茶居多，现在也有越来越多的人喝起了绿茶。他们饮茶的规矩很多，如不能用大碗喝茶，而用很小的碗；给客人倒茶不能太满，一般只倒半碗，以示对客人的尊重；在喝之前，先要将茶壶中泡好的茶倒一点在茶碗里，然后再倒回茶壶里。

乌兹别克斯坦的节日比较多，如1月1日新年，3月21

日纳乌鲁斯节（乌兹别克春节），5月9日纪念和荣誉日，9月1日独立日，12月8日宪法日。主要传统节日有伊斯兰教的开斋节、古尔邦节和本民族的纳乌鲁斯节。开斋节是伊斯兰教的三大节日之一，也是乌兹别克斯坦的盛大传统宗教节日。斋月的起止日期是按古兰经制定的规则，由伊斯兰教学者观察月亮的圆缺变化每年确定一次。一般下一年的斋月要比当年的提前10天左右。斋月期间，太阳升起后到日落以前不能进食。斋月后的3天为开斋节，人们可以尽情地享受各种美味佳肴。开斋节后的第70天是古尔邦节，这一天一定要屠羊纪念。还有不少虔诚的乌兹别克斯坦人在这一天到麦加朝觐。纳乌鲁斯节为每年的3月21日，这一天标志着漫长冬季的结束，大地万物复苏，人们开始新生活。

乌兹别克斯坦的行政区划为1个自治共和国（卡拉卡尔帕克斯坦自治共和国）、12个州（安集延州、布哈拉州、吉扎克州、卡什卡达里亚州、纳沃伊州、纳曼干州、撒马尔罕州、苏尔汉河州、锡尔河州、塔什干州、费尔干纳州、花剌子模州）和1个直辖市（塔什干市）。

乌兹别克斯坦首都塔什干市，位于该国东北部，市区面积约260平方公里，现有人口300多万。"塔什干"在乌兹别克语中为"石头城"的意思，约有2500多年的历史，是古丝绸之路上重要的商业枢纽之一。1966年4月26日，塔什干曾经遭受 7.5 级大地震，整个城市成为一片废墟，后经苏联各加盟共和国帮助重建。塔什干曾是中亚最大的交通枢纽，除了有通往世界几十个国家的航空港外，1977 年还修建了地铁。

1991 年 11 月 18 日，乌兹别克斯坦共和国最高苏维埃第八次会议通过《乌兹别克斯坦共和国国旗法》。乌兹别克斯坦国旗呈长方形，长与宽之比为 2∶1。旗面自上而下分别为蓝、白、绿三色平行宽带。蓝色象征着蔚蓝的天和洁净的水，这是帖木儿大帝曾在国旗上使用过的颜色；白色代表和平与纯洁，是对乌兹别克斯坦作为新独立国家走上光明发展道路的祝愿；绿色是美丽大自然的化身，也是伊斯兰的颜色。宽带之间的两道红色细条象征着生命的力量。在蓝色宽带左侧有一弯白色新月和 12 颗星星，新月象征新的共和国，数字 12 代表一年 12 个月，也象征着自强不息。

1992 年 7 月 2 日，乌兹别克斯坦共和国最高苏维埃第十次会议通过《乌兹别克斯坦共和国国徽法》。乌兹别克斯坦国徽中心是一只展翅的吉祥鸟，寓意着幸福和乌兹别克斯坦人民对自由的热爱。旭日东升表达了乌兹别克斯坦人民对国家沐浴着阳光前行的美好愿望，同时也示意着其独特的自然气候条件。国徽上端为一颗八角星，标志着共和体制的确立，星内绘有一弯新月和一颗五角星。国徽右侧象征着生命之本的麦穗和左侧一束绽放的棉桃是乌闻名遐迩的重要财富。麦穗和棉桃以国旗绶带捆束，寓意着人民万众一心。

1992年12月10日，乌兹别克斯坦共和国最高苏维埃第十一次会议通过《乌兹别克斯坦国歌法》。乌兹别克斯坦国歌沿用的仍是木塔尔·布尔汉诺夫作曲的苏联时期乌兹别克苏维埃社会主义共和国国歌的曲子，但对歌词进行了重新创作，词作者是阿卜杜拉·阿里波夫。

乌兹别克斯坦货币名称为"苏姆"，目前在市面上流通的最大面值的纸币为10万苏姆，约合10美元。

乌兹别克斯坦历史悠久，是人类文明发祥地之一，有近3000年的历史。公元前6—2世纪，曾被伊朗、马其顿、希腊的一些王国侵占。公元8世纪并入阿拉伯帝国版图。9—13世纪，乌兹别克族形成。13世纪被蒙古人征服。14世纪中叶帖木儿建立以撒马尔罕为首都的庞大帝国。16—18世纪，建立布哈拉、希瓦、浩罕等汗国。19世纪六七十年代，部分领土并入俄罗斯。1917—1918年建立苏维埃政权。1924年10月成立乌兹别克苏维埃社会主义共和国并加入苏联。1991年8月31日宣布独立，改称乌兹别克斯坦共和国，卡里莫夫任首任总统。9月1日被定为独立日。

乌兹别克斯坦独立后，卡里莫夫没有效仿西方"三权分立"，而是实行总统制，提出符合本国国情的"乌兹别克斯坦发展模式",保持了政局长期稳定,经济稳步发展,社会长治久安,成为独联体国家中最为稳定的国家。

独立之初,乌兹别克斯坦一度执行"亲西方"政策,试图得到西方的经济援助。2001 年"9·11"事件后,乌兹别克斯坦曾与美国和西方国家结成"反恐联盟",以求换得美国的"安全保护"。2005 年 5 月乌兹别克斯坦发生"安集延事件",乌政府最终动用武力平息骚乱,但却引起美国和西方国家的指责和制裁。美国的这一做法引起乌兹别克斯坦政府不满,卡里莫夫收回美国和北约在乌军事基地,关闭美国在乌非政府组织机构,与美国和西方国家的关系破裂。"安集延事件"后,卡里莫夫放弃独立之后一度执行的"疏俄""去俄罗斯化"政策,与俄罗斯签署《联盟关系条约》,全面加强与俄罗斯的政治、经济、军事合作关系。

乌兹别克斯坦对外方针是巩固国家独立、维护国家安全与稳定、发展经贸和交通合作、提高在地区和国际上的地位。与中国自 1992 年 1 月 2 日建交以来,两国关系发展顺利,双方在经贸、投资、交通、通信、能源和非资源领域合作成果丰硕。2020 年,中国超过俄罗斯,成为乌兹别克斯坦第一贸易伙伴,同时还是乌兹别克斯坦第一大投资国、第一大棉花买家、第一大电信设备和土壤改良设备供应国。在乌兹别克斯坦中资企业数量已有 3880 家(2025 年 5 月 1 日数据),

涵盖能源、交通、通信、机械、化工、建筑、农业、金融等各个领域。

2005年5月,卡里莫夫总统访华期间,两国签署了《中乌友好合作伙伴关系条约》,使中乌关系迈上新的台阶。2012年6月,卡里莫夫总统访华期间,中乌建立战略伙伴关系。2013年9月,习近平主席访问乌兹别克斯坦,两国元首共同签署了《中乌友好合作关系条约》。2016年6月,中乌关系又提升为全面战略伙伴关系。2022年宣布在双边层面践行命运共同体。2024年建立新时代全天候全面战略伙伴关系。

乌兹别克斯坦是"一带一路"上的重要国家,也是"一带一路"中亚地区重要的合作伙伴国。2013年习近平主席提出共建"丝绸之路经济带"倡议后,得到了卡里莫夫总统的积极回应。2015年6月,中乌签署了共建"丝绸之路经济带"合作文件,进一步全面深化和拓展两国在贸易、投资、金融和交通通信等领域的互利合作。近年来,中乌两国在"一带一路"合作的道路上携手共进,取得了多项建设成果。

乌兹别克斯坦历史文化悠久,政治、科学、文化名人荟萃。本书从不同的角度介绍了具有代表性的乌兹别克斯坦9位著名历史人物的生平故事、奇人轶事、卓越贡献。正是他们的历史功绩、卓越贡献,开创了古老的丝绸之路大道,铺就了民心相通的先河。让我们从了解乌兹别克斯坦历史名人开始,走进乌兹别克斯坦,踏着历史的光辉足迹,走在"一带一路"合作的大道上,共同奔向中乌世代友好的未来。

作者:李垂发,中国《经济日报》前驻中亚首席记者、研究员

共和国首任总统

——卡里莫夫

在中亚，有一个苏联解体后获得独立的主权国家——乌兹别克斯坦共和国，卡里莫夫就是这个新独立国家的首任总统。

伊斯拉姆·阿卜杜加尼耶维奇·卡里莫夫（Islom Abdug'aniyevich Karimov，1938—2016年），1991年当选乌兹别克斯坦总统，连任至2016年逝世。他中等身材，一双炯炯有神的眼睛，好像随时都在观察人生，洞察世界。他喜爱运动，是个网球迷，因此，乌兹别克斯坦网球运动普及率很高。他有过两次婚姻，1964年第一次婚姻只维持了两年多，育有一个儿子。1967年卡里莫夫与塔季扬娜结婚，她是位经济学家，他们育有两个女儿。

卡里莫夫出生于中亚著名的历史古城——撒马尔罕市一个职员家庭，乌兹别克族。他先后就读于中亚工业学院和塔什干国民经济学院，获经济学副博士学位，曾在农机厂和飞机制造厂工作。1966年，卡里莫夫步入政坛，先后掌管乌兹别克苏维埃社会主义共和国国家计划委员会和财政部，1989年任乌兹别克斯坦共产党中央第一书记，1990年，在乌兹别克苏维埃社会主义共和国最高苏维埃会议上，当选为共和国总统，同年当选为苏共中央政治局委员。1991年苏联解体，乌兹别克苏维埃社会主义共和国宣布独立，成立乌兹别克斯坦共和国，选举卡里莫夫为总统，原乌兹别克共产党也易名为人民民主党,选举卡里莫夫为该党主席。后来,经过修改宪法、延长任期、全民公决等办法,卡里莫夫的总统任期被连续延长至 2020 年。

2016 年卡里莫夫因病逝世,享年 78 岁。他在乌兹别克斯坦执政 27 年,真可谓辉煌一生,也风云一生。然而,对于卡里莫夫的一生,国际社会褒贬不一:西方批评他是"独裁者","不尊重人权","没有民主";俄罗斯总统普京称他为"卓越的国务活动家","他的逝世是重大损失";习近平主席称他为"中国人民的真诚朋友"。乌兹别克斯坦人民视他为"英明的总统","人民的好儿子","国家安全的保障"。

01

出身贫门,胸怀大志

卡里莫夫出生在 20 世纪 30 年代末,当时在列宁和斯大林的领导下,经过 20 年的建设和发展,苏联取得了社会主义建设的巨大成就。1928 年苏联开始实行第一个五年计划,到 1937 年已经完成了第二个五年计划。经济上实现了欧洲第一、世界第二,仅次于美国的工业强国目标。与此同时,

1936年苏联开始了"大肃反",整个苏联大地笼罩在紧张的政治斗争气氛之中。

正是在那个经济形势喜人、政治气氛压人的年代,1938年1月30日,卡里莫夫降生在乌兹别克斯坦著名历史古城——撒马尔罕市一个普通家庭里。父亲名叫阿卜杜加尼·卡里莫夫,在萨马尔罕市农产品采购办公室当一名普通职员;母亲叫沙诺博尔,塔吉克族,是一名家庭主妇。

1941年6月,当卡里莫夫3岁时,苏德战争爆发了。残酷战争使苏联经济遭受严重损失,又因为饥荒,每个家庭的生活都十分困难。卡里莫夫排行老六,为了不被饿死,1941年被送进萨马尔罕市孤儿院寄养。战争造成了大量的人员伤亡,越来越多的孤儿从苏联各地送到萨马尔罕市孤儿院。孤儿院已人满为患,政府要求有父母的孩子必须回家。1942年,4岁的卡里莫夫回到了离开不到一年的家中。但战争一结束,7岁的卡里莫夫又被送回孤儿院,在那里一直生活到成年。

长期孤儿院的生活,锻炼了他的意志。在学校里,他能吃苦,遇事敢担当;他很聪明,学习成绩优秀,考试成绩都是5分,并因此获得金奖。1955年他以优异的成绩取得了中学毕业证书。

卡里莫夫从小就志向高远,还在上中学时,同伴们在一起谈论未来的理想,卡里莫夫总是说:"我长大后要做帖木儿帝王那样的人。"

02

早年得志,平步青云

1955年,中学毕业后的卡里莫夫考进了塔什干中亚工业学院。这里曾是中亚地区最大的工业大学,学校建于1920年,后改为塔什干国立工业大学。

告别家乡,告别父母,卡里莫夫从撒马尔罕市来到共和国首都塔什干,跨进高等学府。他选择了机械工程专业,决心学好本领,成为一名对国家有用的技术人才。4年的大学校园生活,使卡里莫夫有了很大的变化。他成为一名拥有一定政治觉悟和专业技术知识的热血青年。1960年,卡里莫夫以优异的成绩获得中亚工业学院的毕业证书,成为一名机械工程专业的大学毕业生。

离开大学校门,年轻的卡里莫夫满腔热血、信心满满地踏入了社会,决心为苏联社会主义建设贡献自己的力量。他被分配到塔什干农业机械厂工作,由于他年轻、有知识、懂技术,很快得到领导赏识,受到重用。工作的头一年,他就从工长助理升任为技师。1961年,卡里莫夫被调到苏联最大的飞机制造厂——塔什干契卡洛夫航空工业联合企业工作，历任工程师、设计师和高级工程师。由于工作出色，表现优秀，1964年，卡里莫夫加入了苏联共产党。他在飞机制造厂干了5年，一直到1966年。后来，卡里莫夫在回忆年轻时的自己时说，他年轻时就立志在专业上有所造诣，希望人们说他是个专家。1966年，年仅28岁的卡里莫夫已经是一个名副其实的机械制造专家了。

1966年，卡里莫夫被调到苏联乌兹别克苏维埃社会主义共和国国家计划委员会工作，从此步入政坛，开始了漫漫从政之路。在计划委员会工作期间，卡里莫夫很受器重，不久被任命为主任专家。由于他踏实肯干，兢兢业业，很快就被列为重点培养对象。计划委员会的工作，对于仅有工科学历的卡里莫夫来说是不能胜任的，他必须具有一定的经济学理论知识。为此，他被安排到塔什干国民经济学院（现为塔什干国立经济大学）进修深造，学习经济理论知识。1967年年底，卡里莫夫顺利完成学业，获得了塔什干国民经济学院毕业证书，这是他获得的第二个大学学位。后来，卡里莫夫又进入该校研究生班学习，并成功地通过论文答辩，获得了经济学副博士学位，成为一名年轻的经济学家。此时的卡里莫夫年仅30岁，可谓年轻有为，前途无量。

卡里莫夫懂得经济专业知识，又具有技术专长，还有从基层积累起的丰富工作经验,才华日益显露。1983年,45岁的卡里莫夫被任命为乌兹别克苏维埃社会主义共和国财政部部长,1986年又被任命为部长会议副主席兼国家计划委员会主席,掌管着整个共和国的经济发展命脉和1000多万人的衣食住行。

1986年是戈尔巴乔夫担任苏共中央总书记的第二年,那时"改革""新思维""公开性"的浪潮席卷苏联大地。可能是受戈尔巴乔夫"新思维"的影响,身居共和国计划委员会主席要职、已有一定资历的卡里莫夫写了一篇文章,供当地领导参阅,题目是"乌兹别克共和国经济发展的问题与前景"。文章的中心意思是乌兹别克共和国经济处于崩溃的边缘,只有改革才有出路。此文得到领导重视和好评。为了进一步培养和锻炼他的领导能力,1986年12月,卡里莫夫被派到卡什卡达里亚州,任苏共州委第一书记。

当年的卡什卡达里亚州不仅贫困,还是个出了名的"问题州"。前两任第一书记都在这里栽了跟头,一个自杀身亡,一个被抓进了监狱。卡里莫夫可谓重任在肩。他上任后,深入基层,了解情况,开动脑筋,发动群众,寻找发展经济的突破口。在调研时,他惊喜地发现这里蕴藏着一大生财之宝——天然气。正好他又认识时任苏联天然气工业部部长,也就是后来叶利钦时期的苏联总理切尔诺梅尔金。在切尔诺梅尔金的大力帮助下,卡什卡达里亚州的天然气工业得到了快速的发展,燃料工业成了该州的主导产业,经济形势迅速好转。卡里莫夫在卡什卡达里亚州州委第一书记的位置上工作了3年,在这3年里,他表现出了高超的领导才能,得到广大人民的信任和拥护,在群众中的威信越来越高。人们赞扬他是"敢于担当、能力很强、清正廉洁的领导人"。

20世纪80年代,在乌兹别克苏维埃社会主义共和国爆发了棉花腐败惊天大案。由于缺乏有效的监督和管理机制,在巨大的利益驱使下,当时整个领导阶层几乎全部陷入了棉花贪腐的漩涡之中,包括当时的共和国第一书记、最高苏维埃主席团主席、布哈拉州委第一书记等全部牵涉在案。被指控贪腐的高级官员有100多人,3000多人被降职,负责棉花产业的部长乌斯马诺夫被执行了死刑,时任乌兹别克共和国第一书记的乌斯曼霍贾耶夫也于1988年1月被解职,并被判处12年监禁。

乌斯曼霍贾耶夫被解职后,在乌兹别克共和国第一书记的人选问题上,苏共上层出现分歧。有人主张,应从莫斯科"空降"一位能力很强的干部接任第一书记。也有人认为,处理棉花腐败大案时,从莫斯科"空降"了400多名干部接管乌兹别克共和国各个部门,已经引起当地的不满,甚至出现了乌共中央与苏共中央的对立情绪,因此,不能再用从莫斯科

"空降干部"的办法解决问题，还是应从当地干部中提拔。最终苏共高层采纳了后者的意见。在选拔干部的同时，苏联最高苏维埃主席团副主席兼乌兹别克苏维埃社会主义共和国最高苏维埃主席团主席的尼沙诺夫临时接替第一书记一职。

因卡里莫夫在卡什卡达里亚州州委书记岗位上政绩特别突出，口碑好，群众威信高，更主要的是他为政清廉，没有被卷入当时的棉花腐败大案之中，经过一年多的考察，他最终被确定为乌兹别克苏维埃社会主义共和国第一书记的合适人选。1989年6月，苏共中央将尼沙诺夫调到莫斯科任苏联最高苏维埃民族院主席，由卡里莫夫接替他任苏共乌兹别克苏维埃社会主义共和国第一书记职务，他从贫困的边境州府又回到了共和国首都塔什干，成为共和国第一把手，掌管着整个共和国的政治、经济和社会管理大权。

1990年7月，在苏共二十八大上，卡里莫夫当选为苏共中央委员、苏共中央政治局委员和苏联人民代表，开始走进苏共中央决策层。他从一个孤儿院的孩子成长为经济学家，后又进入了苏共领导层，与哈萨克斯坦的纳扎尔巴耶夫总统、土库曼斯坦的尼亚佐夫总统成为当时颇具影响力的中亚"三巨头"。

03

强势总统，铁腕治国

20世纪80年代末90年代初，"主权风""独立风"席卷苏联大地。在波罗的海3国率先于1988—1989年宣布独立的影响下，乌兹别克苏维埃社会主义共和国也汇入了主权独立的洪流之中。1990年3月24日，乌兹别克苏维埃社会主义共和国最高苏维埃会议决定设立"总统"职位，并推举卡里莫夫为共和国总统。1990年6月20日，乌兹别克苏维埃社会主义共和国宣布国家主权独立。此时的卡里莫夫还没有退出苏联、建立独立国家的意图，只是要求享有在苏联范围内的共和国主权。他对保留苏联还抱有一线希望，并为之努力奋斗。1991年3月，在关于"是否保留苏联"的全民公决时，卡里莫夫还呼吁乌兹别克苏维埃社会主义共和国公民投赞成票，结果93.7%的居民投票赞成保留苏联。

1991年8月23日18时30分，是个历史性的时刻。就在此刻，苏共中央大楼顶上飘扬了75年的苏联红旗瞬间落地，被十月革命前俄罗斯红白蓝三色旗取而代之。而远在中亚的卡里莫夫看到苏联解体已不可避免，于8月23日当天宣布辞去苏共中央政治局委员职务,并发布了"非党化"命令。一周后,8月30日,卡里莫夫命令将苏共在乌的财产收归国有,并宣布乌兹别克共产党退出苏共。8月31日,乌兹别克斯坦苏维埃社会主义共和国最高苏维埃会议宣布独立,国家被改名为乌兹别克斯坦共和国。9月14日,乌兹别克共产党召开第二十三次非常代表大会,宣布将乌兹别克共产党改名为人民民主党,成为乌兹别克共产党在法律上的继承者,卡里莫夫当选为人民民主党第一任主席。9月29日,卡里莫夫在第一次全民差额选举中以86%的选票当选乌兹别克斯坦共和国首任总统。

(1)实行总统专制,强权治国理政

乌兹别克斯坦独立后,卡里莫夫并没有像叶利钦那样效仿西方的"三权分立"模式,而是实行总统集权制,并且在很长时间里还沿用着苏联时期的议会和政府名称"最高苏维埃""部长会议"。1993年12月,"最高苏维埃"被改为"最高会议"。2005年1月实行两院制议会。在权力格局上,总统、议会、政府的关系是总统统管一切,"强总统、弱议会、小政府"的权力格局。卡里莫夫执政期间,总统制得到不断强化。他采取了以下措施:一是亲自掌握军队,总统是武装力量总司令。二是亲自领导政府,任政府主席。乌宪法规定,总统是国家元首,又是政府首脑。三是亲自掌握国家安全机

关。早在独立之初,卡里莫夫将过去的"克格勃"改组为"国家安全署",直接领导。四是不让反对派参加总统大选。美国多次批评乌兹别克斯坦大选不公正、不民主,要求其允许流亡国外的反对派回国参加总统大选。卡里莫夫顶住西方巨大压力,坚决将反对派堵在总统大选门外。五是强化社区建设,利用基层社会组织马哈里,维护社会秩序和安全稳定。

(2)强压异己分子,净化稳定社会

对于恐怖分子、分裂分子、持不同政见者、政府反对派、不法分子等,卡里莫夫的态度十分坚决,坚决打击,不给立足之地;对于突发恐怖事件,当机立断,果断处置,不留后患。

独立之初,塔什干市曾经与莫斯科一样,汽车盗窃猖獗,搞得人心惶惶。卡里莫夫颁布法令,只要偷车开动100米,就视为盗车,对于盗车者最高可判监禁,这样很快就刹住了盗车风。直到现在,在塔什干,即使你忘了锁车,也没有人敢动你的车。

1999年在塔什干曾发生谋杀卡里莫夫总统的连环爆炸事件。卡里莫夫当即宣布为恐怖事件,迅速采取果断措施,武力平息暴乱;后又组织力量侦破,对上百名凶手判处10年以上,甚至终身监禁的处罚。2013年,乌议会通过新法令,对于参与恐怖组织活动的人,包括传递和收藏恐怖主义书籍、画册、宣传资料的人都给予监禁的处罚。

对在乌兹别克斯坦的外国组织、公司、企业、代表处等机构，一旦发现有不遵守当地法律、做了有碍乌兹别克斯坦国家安全的事，立即关闭或驱除。2005年"安集延事件"的第二天，乌兹别克斯坦就关闭了美国索罗斯基金会驻乌兹别克斯坦机构，因为发现它是"安集延事件"的直接支持者。对于欧洲安全与合作组织关于乌兹别克斯坦选举不民主的指责，卡里莫夫毫不妥协，给予反击，他指出，"我们可以听欧安会的意见，但他们的意见没有支配的作用，我们举行选举不是为了讨好欧安会，我们不能不顾本国条件搞西方式的民主化"。

在乌兹别克斯坦，不允许有持不同政见者公开活动，禁止所谓的反对党开展反合法政府的活动，并严禁成立任何宗教政党。这些措施有效地缓解了社会矛盾，避免了政治动荡。

（3）亲临前线战场，指挥反恐战争

卡里莫夫是一位意志坚强、无所畏惧的人。边境发生战争，他不是坐在首都听汇报，发号施令，而是亲临前线，尽显强人本色。1999年夏季，来自阿富汗的几十名武装匪徒侵入与乌兹别克斯坦交界的吉尔吉斯斯坦乡村，劫持人质，并要求吉尔吉斯斯坦开放进入乌兹别克斯坦的通道。一旦这条通道打开，乌兹别克斯坦首都塔什干就面临威胁。当时卡里莫夫不顾个人安危，身着军服，头戴钢盔，乘坐直升机亲赴山区前线，指挥乌兹别克斯坦空军战斗，与吉尔吉斯斯坦一道，多次打退了武装匪徒的进攻，最后消灭了来犯之敌。

（4）走自己的路，创新经济模式

凭着自己深厚的经济学理论功底、丰富的工作实践经验和对本国国情的了解，在对西方和亚洲部分国家经济发展模式分析研究的基础上，卡里莫夫认为，世界上不可能有适用于任何国家的统一经济模式，因此，乌兹别克斯坦必须构建符合本国特点、以社会为导向的市场经济模式。正是基于这一思想，卡里莫夫采取渐进的、分阶段地向市场经济过渡的模式。这就是他创建的"乌兹别克斯坦模式"，他强调改革应遵循"五项基本原则"：一是经济重于政治，以经济发展为中心，实行经济非意识形态化；二是国家是经济改革的主体，国家通过中央和地方管理机关为经济改革创造条件，反对国家对企业的直接干预；三是法律至高无上，完善法律，为国内外企业家提供平等的活动条件；四是强化社会保护机制，创造就业机会，提高国民福利，保持社会安定；五是改革分阶段进行，并且要确定好每个阶段的目标和方法，还要正确对待旧体制中先进的东西，不走极端、不搞冒进，更不能搞"休克疗法"。

实践证明，卡里莫夫的发展模式是有效的。苏联解体后，宣布独立的大多数国家都遭遇了严重的经济和社会危机，而乌兹别克斯坦将这一危机的损失降到了最低。1990—1995年乌兹别克斯坦的国内生产总值只下降了19%，而整个独联体的国内生产总值却下降了37%。乌兹别克斯坦最先走出危机，据世界银行和国际货币基金组织统计，1996年乌实现经济正增长，到2001年乌国内生产总值比1990年高出了2.1%，2014年为1990年的2.62倍。而俄罗斯经济到2007年才达到1990年的水平。想当年，乌兹别克斯坦的经济形势在中亚国家一枝独秀，邻国的居民都纷纷到乌兹别克斯坦打工挣钱。从2004年到2015年11年里，乌兹别克斯坦连续12年保持GDP8%以上的年增长速度。经济增长率在独联体国家名列前茅。

04

国际舞台，外交高手

乌兹别克斯坦独立后，卡里莫夫宣布执行独立自主和平外交政策，力图建立全方位的友好关系。卡里莫夫对其外交政策曾经有个既透彻又坦诚的解释，他说，从乌兹别克斯坦的基本国情和所处的国际环境出发，只能在大国（指美、俄）之间搞平衡。在建国之初，政府急需大量资金，放眼世界，俄罗斯帮不上,中国也帮不上大忙,除了靠美国和西方国家,别无他选。几十年来,卡里莫夫以小国"玩"大国,左右逢源,表现出高超的外交手腕和平衡艺术,就是美国总统有时也要照顾他的情绪,俄罗斯普京总统也不得不让他三分。

(1)与美国从"反恐盟友"到"反目成仇"

苏联解体,中亚国家独立之初,俄罗斯总统叶利钦对中亚实行"甩包袱"政策,主动放弃和削弱俄罗斯在中亚的影响力;美国则趁机加大向中亚渗透的力度,企图把中亚纳入西方的势力范围。此时,卡里莫夫在外交上执行亲美、疏俄政策,以期得到美国的国家安全保护和经济技术援助,从而摆脱对俄罗斯的依赖。2001年"9·11"事件发生后,美国打着反恐的旗号发动了阿富汗战争,受到阿富汗恐怖主义威胁的乌兹别克斯坦从当时的需要出发,进一步拉近与美国的关系。卡里莫夫允许美国在乌兹别克斯坦领土上建立军事基地,而后又加入北约的"和平伙伴关系计划",与美国和西方国家结成反恐联盟。乌兹别克斯坦成为美国在中亚的"铁杆盟友",乌美关系进入"蜜月期"。

好景不长,2005年5月,乌兹别克斯坦安集延市发生了聚众骚乱事件,大批群众举行示威活动,要求卡里莫夫下台,矛头直指当权政府。卡里莫夫当即判断是"乌兹别克斯坦伊斯兰运动(简称'乌伊运')"恐怖组织所为,其最终目的是要推翻乌现政权。卡里莫夫亲赴骚乱现场，坐镇指挥，采取果断措施，武力平息了骚乱。而以美国为首的西方国家对此表示强烈不满，指责卡里莫夫破坏人权，要求对"安集延事件"进行"国际独立调查"。这一要求遭到卡里莫夫的严厉拒绝，西方便对乌实行武器禁运、停止乌总统和强力部门领导人赴美签证、减少经济援助等严厉的制裁措施。卡里莫夫对美国"盟友"的行为很愤怒：一是美国是乌的反恐盟友及国家安全的保护伞，但在乌面临恐怖主义威胁时，美国政府不仅不帮助和支持乌反恐行动，反而为恐怖主义分子说话撑腰；二是乌美双方签有反恐情报合作协议，"安集延事件"发生之前，美国驻乌使馆收到了情报信息，但美方并没有向乌方通报；三是乌安全部门发现，"安集延事件"得到了美国驻乌使馆和某些西方媒体的资金支持；四是乌方发现有美国记者出现在"安集延事件"现场。卡里莫夫一怒之下，与美国翻脸，当年7月，要求美军在180天内关闭在乌军事基地；在11月美军被迫撤出了汉纳巴德空军军事基地后，又要求北约从2006年1月1日起禁止使用乌领空和领土执行军事任务。至此，乌美反恐联盟彻底崩溃，两国关系降到了冰点。

在后来的几年里，美国曾多次向卡里莫夫伸出橄榄枝，希望"重修旧好"，恢复美乌战略伙伴关系。美国军方高官多次访乌，力图说服卡里莫夫，让美军重返乌兹别克斯坦军事基地，但都被卡里莫夫拒绝了。2012年，卡里莫夫提出"三不"对外政策：一是不参加任何政治军事集团；二是不允许在本国设有外国军事基地；三是乌兹别克斯坦不向外国派驻自己的军队。卡里莫夫守住了"红线"，从而彻底断了美军重返中亚的幻想。直到卡里莫夫逝世，乌美关系仍处于"死机"状态。

卡里莫夫与美国翻脸，并非一时冲动。实际上，他对美国和西方国家在独立之初许下的经济援助诺言迟迟不兑现，口惠而实不至，早有怨言，多次在议会讲话和会见记者时流露出不满。对于乌美关系，卡里莫夫曾经利用议会会议、重要活动、外出访问、会见记者等多种机会，讲了他的看法，归纳起来主要有三点。一是，强调乌兹别克斯坦对外政策基本原则是服从于乌国家和民族利益。卡里莫夫认为，乌兹别克斯坦独立20多年来，这一外交基本原则并没有受到国际社会的应有尊重，没有考虑乌的特点和民族利益，不重视乌在国际舞台上的作用。如今面对日益复杂的国际环境，乌将矢志不渝地坚持这一基本原则，让国际社会尊重乌的国家利益。二是强调维护国家稳定是压倒一切的任务。卡里莫夫说过，处理"安集延事件"是为了维护国家的稳定，这一政策是正确的，不能听美国人和欧洲人的指责；在人权问题上，东方人与西方人的观念是不同的,如果听他们的,国家就会发生动乱,就会出现吉尔吉斯那样的局面;面对西方的压力,我们做出了决定,在维护国家稳定和与美国关系两者之间,我们只能选择前者,保持国家稳定要比维持与美国的关系重要得多;我们知道这要付出一定的代价,宁可外资少一点,经济受点影响,也要保持国家稳定。三是美国没有兑现当初对乌的承诺。美军一直是无偿使用乌汉纳巴德军事机场,没有付过一分钱,只是机场跑道等设施的维修是美方自己支付的;当初美国租用乌军事基地时曾允诺向乌提供数十亿美元的经济援助,但美国援助很少,只给了大约2500万美元。

应该说,卡里莫夫对美国的认识逐渐清晰,认识到外交中现实与理想之间的差异。后来,在处理与美国和西方国家关系时,少了一些"盲从",多了几分"谨慎",少了一些"狂热",多了一点"理智"。

(2)与俄罗斯从"若近若远"到"终结盟友"

叶利钦任俄罗斯总统时期,乌兹别克斯坦与俄罗斯的关系很疏远。乌兹别克斯坦独立之初,在经济和安全上有求于美国,执行亲美政策,因此,对俄执行的是"去俄罗斯化"的政策。

普京任俄罗斯总理后,乌俄关系开始出现转机。普京刚上任便到乌兹别克斯坦访问,会见卡里莫夫,这让卡里莫夫颜面大增，也对年轻的普京产生了好感。但当时乌美关系是乌外交政策的第一重点，因此，很长时间卡里莫夫与普京像是在打太极拳，时而抱胸，时而推开，既不太近，又没离得太远。

机会终于降临了。2005年5月，乌兹别克斯坦发生"安集延事件"，乌美联盟随即瓦解。普京抓住这一重要时机，当即表态支持卡里莫夫武力平暴，反对美国和欧盟对乌的制裁。在不到半年的时间内，卡里莫夫先后5次访问俄罗斯，寻求俄罗斯的军事保护；2005年11月，卡里莫夫与普京签署了两国《联盟关系条约》，将乌俄关系从"战略伙伴"提升为"联盟"关系，同意俄罗斯在乌驻军；在出现紧急情况时，乌将向俄提供军用机场，利用俄军事力量应对安全威胁。2006年8月，乌兹别克斯坦又重返独联体集体安全条约组织，将国家安全保障正式交给了俄罗斯。2014年乌克兰危机后，卡里莫夫大幅度调整对俄政策，全面加强与俄罗斯的政治、军事、经济合作关系。2014年9月12日，在上合组织杜尚别峰会上，卡里莫夫就乌克兰冲突表态时说，解决乌克兰冲突必须考虑俄罗斯的利益，不考虑俄罗斯的利益就是个错误。他两次在独联体首脑峰会上表示，"俄罗斯是中亚地区安全稳定的保障"，"应当承认俄罗斯在中亚的利益"，"加强和发展与俄罗斯的战略伙伴关系符合乌的根本利益"。他还说:"不与俄罗斯保持友好合作关系,乌兹别克斯坦就不会有未来。"

(3)与中国从"友好合作"到"战略伙伴"

乌兹别克斯坦独立之后,卡里莫夫最早选择访问中国。苏联解体后,正当独联体其他国家忙于与西方搞好关系时,卡里莫夫实行全方位外交政策,一边与西方国家拉关系,同时也瞄准东方。1992年1月,乌兹别克斯坦与中国建立外交关系,两个月后,卡里莫夫首次来到中国进行正式访问,并签署了成立政府经贸合作委员会等一系列经贸合作重要文件。卡里莫夫是独联体国家总统中第一个到中国访问的。两年后,1994年10月,卡里莫夫再次访华。1999年11月,卡里莫夫第三次访华,中乌双方确立了"友好互利合作关系"。据当时乌方记者说,在从北京回国的专机上,卡里莫夫兴致勃勃地向随团记者谈访华感想。他说:"我这次访华很成功,我也很高兴。现在有了中国的支持,今后我们走在大街上,可以自豪地说,我们现在有了强大的中国后盾。"他还说,"我这次看到了中国经济改革的成就,真是伟大啊!我们也一定要学习中国经济改革的经验。"卡里莫夫对邓小平很崇拜,邓小平逝世后,卡里莫夫派议长向中国使馆送来唁函。唁函中说:"邓小平先生是乌兹别克斯坦各族人民的真诚朋友。我当选乌兹别克斯坦总统后不久就前往中国访问,当时最大的愿望是能会见这位伟人。可惜的是,他践行全退这一诺言,因此未能如愿。"又说,"邓小平先生站在历史发展进程的前头,以非凡的勇气和毅力,引领中国进行改革开放,为国家开辟出一片新天地。"

2005年"安集延事件"后,中乌关系迅速发展,至2016年,11年时间,中乌两国关系实现了"三级跳"的大跨越。第一跳:2005年5月12日乌发生"安集延事件"后,中国政府首先表示支持卡里莫夫维护国家稳定的措施,反对美国对乌制裁。卡里莫夫在平息骚乱后第10天访问中国,与中国签署了《乌中友好合作伙伴关系条约》,将两国关系提升为"全面和长期友好合作伙伴关系"。第二跳:2012年6月,卡里莫夫访华,将乌中关系提升为"战略伙伴关系"。双方明确表示,不允许第三国利用本国领土从事损害另一方国家主权、安全和领土完整的活动,不允许任何国家在本国领土建立此类组织和团体。第三跳:2016年6月,卡里莫夫邀请习近平主席对乌进行正式访问,将中乌关系再次提升为"全面战略伙伴关系",双方表示,将继续在涉及国家主权、安全和领土完整等核心利益问题上相互支持。

2013年习近平主席提出"建设丝绸之路经济带"倡议,立即得到卡里莫夫的积极回应。他说乌方愿意参与建设丝绸之路经济带,促进经贸往来和互联互通,把乌兹别克斯坦的发展同中国的繁荣更紧密地联系在一起。2015年6月，乌兹别克斯坦与中国签署共建"丝绸之路经济带"合作文件，进一步全面深化和拓展两国在贸易、投资、金融和交通通信等领域的互利合作。

2013—2016年，中国铁路隧道集团帮助乌兹别克斯坦修建了长19.2公里的卡姆奇克铁路隧道，这是中乌"一带一路"合作的典范工程，受到卡里莫夫的高度重视，被列为"总统一号"工程。他为工程建设大开绿灯，并派时任总理米尔济约耶夫亲自负责并随时向他汇报工程进度。卡里莫夫生前曾三次高度赞扬中国人民为乌兹别克斯坦人民立下丰功伟绩。2015年12月31日晚，卡里莫夫在新年献词中特别指出，"在中国伙伴的帮助下，2016年将完成卡姆奇克铁路隧道的建设，我国内地与费尔干纳盆地铁路直接连通的多年夙愿就要实现了"。2016年1月17日，卡里莫夫在政府内阁扩大会议上再次对中国帮助修建的卡姆奇克铁路隧道给予了高度评价，他特别指出，"完成19公里的卡姆奇克铁路隧道以及开通安格连—帕普铁路是今年的重要任务，这将保证费尔干纳盆地与其他地区间的铁路货物运输。这对于我们是至关重要的、具有前景的项目。该项目不仅具有战略和经济意义，还体现我们在通信和交通领域取得的进步"。同年6月22日，在塔什干举行的卡姆奇克铁路隧道通车视频连线活动时，卡里莫夫显得十分高兴，他在致辞中表示，卡姆奇克铁路隧道通车是乌兹别克斯坦国民经济社会发展中的一件大事，这一项目极大造福了乌兹别克斯坦人民。他感谢中国为乌兹别克斯坦人民实现多年夙愿给予的支持和帮助。他说："我们的梦想今天终于实现了，中国中铁隧道集团是英雄的建设集体，给了乌国人民和我一份特大的惊喜，我十分满意，希望乌中建设者一道参与更多的项目建设。"

卡里莫夫热爱中国文化，对中国古代历史了解较多，令人敬佩。2014年8月，卡里莫夫及夫人塔季扬娜来到西安参观秦始皇陵博物院。在一个小时的参观中，他对秦俑秦文化表现出浓厚的兴趣，还将秦国与其同时期的马其顿帝国的军队进行比较研究，并表达了自己的见解。他说："每个历史阶段都有自己特定的文明，秦始皇时代的辉煌文明作为中华民族文化的重要组成部分对世界产生了深远的影响。我对贵国的兵马俑早有耳闻，以前没有机会目睹，今天受邀参观兵马俑，我深感荣幸。"参观结束后，他在留言簿上写道："对兵马俑博物馆的参观给我们留下了难以忘怀的印象。这里的展品证明了中国古代文明的最高水平。博物馆作为伟大中国独一无二的历史古迹，当之无愧，作为世界文化遗产不可分割的一部分，实至名归。"

幽默诙谐，硬汉柔情

卡里莫夫不喜欢在公共场所高谈阔论，而且很少露面，往往被人认为"寡言少语"，"不苟言笑"，"严肃有余，人情味不足"。其实在现实生活中，他不乏风趣和幽默感。据前驻乌兹别克斯坦大使李景贤回忆，有一次卡里莫夫与夫人一起在北京参观故宫时，当讲解员讲到"光明正大"一匾的掌故（皇帝把继承人的名字写出两份，一份藏于此匾后面，一份放在自己身边）时，他便得意扬扬地对夫人说："中国皇帝倒是给我们提了个醒。看来，我也该找找接班人啦，到时候我也写出其名字，分成两份，一份留在身边，另一份则藏在家里。"他又对夫人说，"你回家后仔细琢磨琢磨，看藏在什么地方为好。"在故宫后花园，讲解员讲了两棵古柏"连理枝"的掌故，卡里莫夫一听便兴奋地对夫人说："这两棵古柏不就是咱们俩吗？赶快照张相片，以便立此存照。"

2000年春季的一天，乌兹别克斯坦外交部组织驻乌兹别克斯坦的外国记者随卡里莫夫一起到安集延参加一个合资企业落成典礼，在卡里莫夫回答记者提问环节出现了有趣的插曲。当总统新闻秘书宣布还允许提最后一个问题时，卡里莫夫说："为什么是最后一个问题？还有这么多记者没有提问，尽管让他们提嘛，有多少问题提多少，直到没有问题为止。"他自己突然指着对面的一位年轻女记者说："这位姑娘，你有什么问题想问吗？"这位路透社雇用的当地女记者马利卡站起来向总统提问。她先报了自己的姓名和工作单位，并问了乌兹别克斯坦引进外资问题。卡里莫夫回答了马利卡的提问，还借此机会宣传了乌的投资环境，并希望记者们多写乌改善投资环境的报道。卡里莫夫突然话锋一转问道："马利卡姑娘，你多大？结婚了吗？"马利卡机智地回答："总统先生，姑娘的年龄是不能随便说的。"卡里莫夫继续问："我是想给你介绍男朋友，你有什么择偶标准？"当着众多媒体记者的面，马利卡不好意思地说："我还没考虑过这个问题呢。"卡里莫夫又说："娶妻嫁人是人生美事，不要不好意思。我给你一个忠告，不要嫁外国人，不要嫁西方人，我们乌兹别克斯坦有很多很好的小伙儿可以任你选。"最后还说，"马利卡，如果你想找男朋友，可以来找我帮忙哟。"听着卡里莫夫幽默和诙谐的话，大家完全忘记了面前站着的这位是以"铁腕"和"硬汉"著称的卡里莫夫总统。

作者：李垂发

参考文献：

[1] 卡里莫夫：《乌兹别克斯坦沿着深化经济改革道路前进》，国际文化出版公司，1996年第一版。

[2] 卡里莫夫：《临近21世纪的乌兹别克斯坦》，国际文化出版公司，1997年版。

[3] 胡振华主编《中亚五国志》，中国民族大学出版社，2006年6月第一版。

[4]《忆卡里莫夫总统》，《世界博览》2016年第18期。

[5] "乌兹别克斯坦卡里莫夫总统专访秦陵博物院"，陕西新闻网，2014年8月21日。

中世纪天文学奠基人

——费尔干尼

费尔干尼（约797—865年），中世纪天文学的奠基人。据推测，他出生于中亚费尔干纳地区的库瓦（现乌兹别克斯坦境内），波斯人，是一个通晓数学、天文、地理的科学天才。主要著作有《天文学入门》《恒星科学汇编》《天球的成因》等。1135年，《天文学入门》等著作被翻译为拉丁文传入欧洲，现在流传下来的是波斯文版本，阿拉伯文原版没有找到。

01

人生中的科学殿堂

费尔干尼全名阿布·阿巴斯·艾哈迈德·费尔干尼（Abu Abbas Ahmed Farghani），在欧洲则被习惯称为艾哈迈德·拔汗尼。根据一些研究资料记载，费尔干尼约生于797年，卒于865年。有关他的出生地史料上没有任何详细记载，但从其姓氏推断，他应该出生于费尔干纳盆地，即现在乌兹别克斯坦的库瓦地区。

年轻时，费尔干尼刻苦钻研数学、天文学、地理学。他一直向往当时的政治、文化中心巴格达，希望去那里拜师求学。当时，许多著名学者，如哲学家肯迪、文学家贾希兹、历史地理学家麦斯欧迪、数学家花拉子米等，他们都曾在巴格达教授过高等课程。一天，费尔干尼整理行装，负笈远行，来到巴格达这座令学者们心驰神往的科学殿堂。

当时的阿拔斯王朝处于鼎盛时期，哈里发马蒙是一个十分出色的统治者，他酷爱希腊哲学，熟读亚里士多德等哲学家的作品。为了筹建"智慧宫"，他派巴格达代表团前往君士坦丁堡广泛搜集古籍，组织来自各地的学者，包括非穆斯林学者进行翻译工作。阿拉伯人的翻译事业虽始于伍麦叶王朝，但那个时代的译书多为个人行为，到了马蒙时代，译书被列为朝廷的一项主要文化事业。朝廷投入大量资金，建立专业机构，组织人员进行这项工作。据资料显示，当时马蒙向各地派遣搜集典籍的学者和朝廷使者数量可观，他们足迹遍及拜占庭、波斯、印度等地，声势浩大。马蒙让学者们把希腊典籍翻译成阿拉伯语，并以译稿相同重量的黄金付酬，这在当时是从未有过的。许多珍贵而湮没已久的古希腊典籍得以复活，这些希腊典籍后来传回了欧洲，成为文艺复兴运动的一大知识源泉。

由于马蒙对天文学情有独钟，他建立了当时屈指可数的两座天文台，一座位于巴格达，另一座位于今大马士革城郊的嘎西雍山顶，并为此配备了最好的研究工具，诸如象限仪、星盘、日晷仪、浑天仪和地球仪等。当时一大批天文学知名学者来到巴格达，在天文台探寻宇宙的秘密。此后巴格达逐渐成为天文中心，阿拉伯天文学的巴格达学派逐渐形成。

中世纪的天文学被称为占星术，在学者眼中地位显赫。阿拉伯世界早期的占星术主要是借鉴希腊、印度与波斯的天文学著作，其中又以希腊天文学家托勒密的《天文学大成》对其影响最大。这主要得益于从公元9世纪开始的"阿拉伯百年翻译运动"，《天文学大成》的阿拉伯语译本在阿拔斯王朝问世，成了占星术师们的理论教材。

和其他学科一样，天文学在"阿拉伯百年翻译运动"期间得到了长足的发展。其中的主要原因是，一方面，在学习借鉴了古希腊的天文学成就之后，阿拉伯的天文学者自身较为努力，例如易卜拉欣·法扎里仿照希腊星盘，建造了阿拉伯地区的第一个黄铜星盘；另一方面，大环境对天文学的发展也很有利，阿拔斯王朝的哈里发马蒙建造的两座天文台，为天文学者进行天体观测提供了条件，从而才有可能对《天文学大成》中的一些数据进行校正与修改。但由于时代的局限，当时的天文学知识只是为占星术服务，前者依附后者而发展。

天文学在阿拉伯地区兴盛之后又带动了欧洲天文学的发展。例如在12世纪，托勒密的《天文学大成》拉丁语版本、花拉子米的《积尺》等著作，无一不对欧洲地区的天文学发展产生了深远影响。在各种欧洲语言中，大多数星宿的名称及大量的天文学术语都源于阿拉伯语。著名的阿拉伯史专家菲利普·希提曾这样赞扬阿拉伯天文学家为这门学科作出的贡献：他们把他们辛勤劳动的、永垂不朽的成绩保存在天上，我们看一看一个普通天球仪上所记载的星宿名称，就可以很容易看到这些成绩。

费尔干尼是十分幸运的，因为他研究的天文学恰恰是新成立的"智慧宫"中最为热门的领域。他在巴格达参加了天文台的建设，施展自己的聪明才智。

832—833 年，巴格达天文台开启了一项当时最大的研究项目——测量子午线。由天文台工作的优秀学者组成两批科学探险队，从巴格达出发游历世界各地。费尔干尼作为科学探险队一员，全程参与了子午线的测量工作。当时测量工作在两个地方进行，一个是在幼发拉底河北面的辛贾尔平原；另一个则是在约旦的巴尔米拉附近。他们假定大地为球形，想要通过测量子午线 1 度之长，推算地球的体积及其圆周。测量的结果是，子午线 1 度之长等于 $56\frac{2}{3}$ 阿拉伯里（1 阿拉伯里约等于 2353.2 米），这显然是一个精密计算的结果，只比子午线 1 度的真实长度超了 2877 英尺（1 英尺约等于 0.3 米）。根据这个数字计算出地球的圆周是 20400 阿拉伯里，地球的直径是 6500 阿拉伯里。这些测量数据与如今的数据十分接近，足以说明中世纪阿拉伯地区在天文学方面的发展已经达到了一个新高度。

费尔干尼在巴格达天文台系统地观测天体运动，依据精密的演算，校正了托勒密《天文学大成》里所有的基本要素：黄道斜角、二分点的岁差和岁实等。同时，他科学地证明了地球形状是球形，并测定出地球上（巴格达）白天时间最长的一天是 6 月 22 日，最短的一天则是 12 月 23 日。紧接着在后面几年的工作中，费尔干尼还发现了太阳存在的黑色斑点（太阳黑子），并预测日食将发生在 832 年。

费尔干尼一直在"智慧宫"中进行科学研究，直到晚年才到埃及开罗安度余生。他的诸多著作都是在"智慧宫"工作期间完成的。"智慧宫"的馆藏之丰、同行知名学者的学问之高、相关测量工具之精密，对费尔干尼在天文学领域探索的影响都是不可估量的。可以说，"智慧宫"是费尔干尼功成名就的摇篮，使他从一个初窥科技之光的年轻人成为蜚声四海的科学家。

02
不朽的天文学论著

费尔干尼的著作颇丰，在天文学领域流传至今、用阿拉伯语记载的理论著作便有 11 本之多，如《天文学入门》《恒星科学汇编》《天球的成因》等。这些都是目前所能找到的最早一批用阿拉伯文字记载的天文学著作。

早在公元前4到公元前3世纪,对于天体的运动,希腊人有两种不同的看法:一种以欧多克斯为代表,他从几何的角度解释天体的运动,把天上复杂的周期现象分解为若干个简单的周期运动,又给每一种简单的周期运动指定一个圆周轨道,或者是一个球形的壳层。他认为,天体都在以地球为中心的圆周上做匀速圆周运动,并且用27个球层来解释天体的运动。到了亚里士多德时期,球层又增加到56个。另一种则以阿利斯塔克为代表,他认为,太阳和恒星都是不动的,而行星则以太阳为中心做圆周运动,地球每天在自己的轴上自转,每年沿圆周轨道绕日一周。但阿利斯塔克的见解当时根本不被理解和接受,因为这与人们肉眼看到的表面景象不同。

公元2世纪,托勒密提出了自己的宇宙结构学说,即"地心说"。其实,"地心说"是亚里士多德的首创,他认为宇宙的运动是由上帝推动的。他说,宇宙是一个有限的球体,分为天地两层,地球位于宇宙中心,所以日月围绕地球运行,物体总是落向地面。地球之外有9个等距天层,由里到外的排列次序是:月球天、水星天、金星天、太阳天、火星天、木星天、土星天、恒星天和原动力天,除此之外空无一物。各个天层自己不会动,是上帝推动了恒星天层,恒星天层才带动了所有的天层运动。人居住的地球静静地屹立在宇宙的中心。托勒密全面继承了亚里士多德的"地心说",并利用前人的积累和他自己长期观测得到的数据写成了8卷本的《天文学大成》。他在书中把亚里士多德的9层天扩大为11层,把原动力天改为晶莹天,又往外添加了最高天和净火天。托勒密设想,各行星都在一个小圆形轨道上匀速运动,而每个圆形轨道中心则在以地球为中心的圆周上运动。他把绕地球的那个圆形轨道叫"均轮",行星的圆形轨道叫"本轮"。同时假设地球恰好并不在均轮的中心,而偏开一定的距离,均轮是一些偏心圆。日、月、行星除做上述轨道运动外,还与众恒星一起每天绕地球转动一周。托勒密勾画的数学图景并未反映宇宙的实际结构,却较完满地解释了当时观测到的行星运动情况,并取得了航海上的实用价值,被人们广为信奉。

约850年,费尔干尼写成了《恒星科学汇编》一书。全书共分为30章,主要内容来自托勒密的《天文学大成》。书中,作者对托勒密的天文学进行评述,并依据阿拉伯天文学家早期发现对托勒密的一些错误加以纠正,其中包括黄赤交角、太阳和月球远地点的岁差运动以及地球周长。这本书在伊斯兰世界广为流传,甚至还被翻译成拉丁文。

费尔干尼在这本著作中,简明扼要地介绍了托勒密学说,同时将天文学定义为一门学科,对当时能解释的所有重点问题进行了非常详细的阐述。许多先辈们在天文学领域的演算都被他一一校正，一并收录在书中。例如，第一章是对阿拉伯、叙利亚、罗马、波斯和埃及的历法及其区别的描述；第五章、第八章收录了在马蒙的组织下天文学家对黄赤交角和地球大小测量结果的报告；第九章是阐述自东向西的七种气候，从中国到西方，一直到马格里布或者西大西洋；第二十一章、第二十二章则是给出了五大行星相对于地球的距离；等等。费尔干尼的手稿至今仍然被世界各大图书馆保存，其中有一部分就保存在莫斯科和圣彼得堡的图书馆中。香港科技大学图书馆馆藏了费尔干尼这一著作的四个不同版本。

这部鸿篇巨制在12世纪被传入欧洲，在13世纪被翻译为拉丁文、希伯来文，直到17世纪在欧洲范围内得到了广泛传播。在法国人约翰尼斯·德·赛科诺伯斯克的《天球论》出版之前，该书一直是欧洲中世纪学者在天文学上对托勒密学说论述的主要典据。

《恒星科学汇编》为身处"蒙昧时期"的西欧人带来了科技之光，甚至在一定程度上对14世纪文艺复兴时期的到来产生了积极影响。只要人们对事物存在疑问，或者人们渴望探寻世界宇宙本源，都可以从这本书中找到想要的答案。据记载，就连生活在13世纪末著名的意大利诗人，被称为"文艺复兴前三杰"之一的但丁，在他的哲学诗集《宴会》中也引用了费尔干尼《恒星科学汇编》中对宇宙结构的论述。

03

费尔干尼的星盘

大约850—860年,费尔干尼离开了"智慧宫",辗转行至开罗。在开罗那段时光,费尔干尼在科学研究上同样取得了许多成就。他自制了一个星盘(一种类似于用铜、青铜打造的扁平状圆盘),用以测量太阳、月亮及各行星之间的距离。

星盘的出现可以追溯到古代希腊,在伊斯兰世界臻于完备(在那里它的流行一直保持到现代),后来又在西方得到进一步的精致化。这种仪器的基本部件是一个黄铜圆盘,可以用一个环悬挂起来。星盘的正面是一个计算装置,包括天球(独立的恒星、天球黄道、天球赤道以及天球上的回归线)和当地坐标系统(地平纬度、地平经度——通常从正南方开始度量),使用者可以由此测量天体的位置。

星盘的背面是基本的观测仪器,其上固定着一个观测条,或者称为"alidade",观测条可以绕着圆盘中心的一个轴旋转,用来测量天体的地平高度。观测者只需简单地将星盘悬挂起来，让它垂直竖立，并让观测条指向要测量的天体，沿着观测条就可在圆盘边缘的刻度上读出该天体的地平高度。而西式的星盘背后有两圈刻度，一圈刻出一年中的每一天，另一圈给出对应的太阳位置，观测条可以被用来指出对应的点。

  费尔干尼制作的星盘需要将天球的点精确地投影到一片黄铜圆盘平面上。从天球南极到天球上任意某一点之间的连线，其投影的点就是这一连线与一个包含天球赤道的平面的相交位置。更令人惊奇的是，在弯曲的天球球面上的角度，经过投影不会改变，所以球面三角的问题可以转换为容易处理的平面三角问题。

  在开罗期间，费尔干尼撰写了两篇论文《论星盘的南北构造及其几何合理性》和《论日晷》，其中详细阐述了如何使用星盘仪及阳历运行的规律。在《星盘的功能》一书中，他更是利用中世纪最受欢迎的天文仪器——星盘验证了托勒密的"球极投影"理论。球极投影是发端于古希腊天文学研究的一种数学方法，这一方法的创始人已不可知。有人认为是托勒密，有人认为是喜帕恰斯，还有人认为是更早的欧多克斯。这种方法的原理是，假设球体是透明的，光线是沿直线前进的。在球的南极或北极放置一个投影点，在赤道放置一个平面，让光源向平面发光，这样就可以在平面上看到除南极点或北极点之外球面上所有点的投影了。这种投影的特点是：赤道圈的投影和自身重合；球面上赤道以北的半球上的点投影在平面赤道圈的内部，赤道以南的半球上的点投影在平面赤道圈的外部；球面上近北极的点投影密集，近南极的投影稀疏。另外球极投影还有两个重要的特性，一个是保圆性，一个是保角性。

其实，制作科学仪器并不是费尔干尼在开罗的所有研究成果，还有一项了不起的工程——尼罗河丈量仪，也是他设计建造的。

04
精良的尼罗河丈量仪

就像许多伟大的科学家一样，费尔干尼的兴趣范围十分广泛。除了天文学领域的卓越成就外，费尔干尼还是一位伟大的地理学家。他有不少地理学著作流传于世，如《地理学导论》《世界著名国家城市名及其气候条件》等。其中尤为令世人惊叹的是他在《世界著名国家城市名及其气候条件》一书的末尾绘制了一张图表，将各个著名地标的坐标一一标记出来。由于该书极具科学性和创新性，后来也在文艺复兴时期被引入欧洲，几乎被翻译成各种欧洲语言，流传于后世。

同时费尔干尼还将理论用于实际,设计建造了尼罗河丈量仪。

自古以来,埃及尼罗河的水位与埃及人的生活息息相关。每年夏天尼罗河就会涨水,河水漫出河道,将沉积物留在它周围的平原上。这种年度涨潮造就了其周边肥沃的土地,孕育出了古老的埃及文明。然而洪水难以预测,虽然适度的洪水是农业周期的关键部分,但过多的洪水会冲走庄稼和许多建设在平原上的基础设施,造成洪涝灾害。如果河水不上涨,则又会导致干旱和饥荒。当时的埃及开罗正处于阿拔斯王朝的统治下,如何防范洪水一直是历代哈里发面临的悬而未决的最大难题。

861年,为了更好地定期监测尼罗河水位,奉哈里发穆台瓦基勒之命,费尔干尼在今埃及首都开罗的尼罗河中部偏东的劳代岛设计建造了尼罗河丈量仪。丈量仪是用石块砌成的大坑,比尼罗河水位要深得多,坑底有一根八角形立柱,上面带有刻度。立柱上的刻度,每一格称为一个"厄尔"。因为每年庄稼的收成决定着当年农民应缴税额,所以河水的涨幅被赋予重要的政治意义。如果河水上涨到第16格即止,说明这一年将是一个丰收年,全市人民热烈欢庆。如果水位远远高于第16格,说明洪水必然会泛滥成灾。与之相反,水位如果远远低于第16格,那就意味着干旱、饥荒将至。为了保佑两岸居民能够安居乐业,费尔干尼还命人将《古兰经》铭刻在丈量仪的石墙上以赞美安拉，祈求他赐给适量的河水。

后来埃及人在20世纪60年代建造了阿斯旺大坝，终结了尼罗河的年度洪水，也终结了尼罗河丈量仪的历史使命。现今尼罗河丈量仪的实际作用早已不复存在，但其精美、多元的建筑风格吸引着无数游客前来瞻仰，遥望当年盛世的余晖。

为了纪念这位伟大的天文学家，乌兹别克斯坦国内著名学府费尔干纳国立大学以他的名字命名。1998年，在时任乌兹别克斯坦共和国总统卡里莫夫的倡议下，联合国教科文组织举办了费尔干尼诞辰1200周年的纪念仪式，得到社会广泛关注与支持。为了表彰他对世界天文领域的突出贡献，联合国决定将月亮上一处陨石坑命名为"阿布·费尔干尼"。

2007年，卡里莫夫正式访问埃及，在两国领导人的联合倡议和主持下，阿布·费尔干尼的雕像被永久地竖立在他曾经设计建造尼罗河丈量仪的劳代岛上，以供后人瞻仰与铭记。

作者：张健荣，上海社会科学院俄罗斯中亚研究中心副主任

沈亦豪，上海外国语大学博士研究生

参考文献：

[1] 乔纳森·莱昂斯：《智慧宫：阿拉伯人如何改变了西方文明》，刘榜离、李洁、杨宏译，新星出版社，2013年版，第309页。

[2] 王治来：《中亚通史：古代卷（上）》，新疆人民出版社，第2007年版，第365页。

[3] 冯锦荣：《从阿尔·法甘尼、阿尔·白塔尼到丁先生、利玛窦的文献之旅》。

[4]《尼罗尺，古埃及文明的智慧刻度》，《环球时报》。

世界代数之父

——花拉子米

约820年的一天，一位学者正在巴格达城中的图书馆内专注地研究欧几里得的《几何原本》，思索着怎样利用几何知识为自己的方程求解。突然灵光一闪，他马上走到桌边坐下，开始"唰唰唰"地记录自己的计算思路。入夜，这位学者的身影又悄然出现在巴格达城里的天文观测台观察星象，他一丝不苟地记录下观测到的数据，直到天明。这位勤奋学者就是后来被誉为中世纪伟大的科学家、"代数之父"——花拉子米。

阿尔·花拉子米（Al-Khwarizmi，约780—约850年），中亚著名数学家、天文学家、地理学家。他是代数与算术的整理者，被誉为"代数之父"。花拉子米出生于古代花剌子模地区，即现乌兹别克斯坦的花剌子模州。他曾到过阿富汗、印度，后长期定居巴格达，在阿拔斯王朝哈里发马蒙的朝廷中任职，在巴格达"智慧宫"所属的图书馆和天文台工作，负责搜集、整理、翻译大量散失的古希腊和东方的科学技术及数学著作。他对天文历法、地理地图等方面均有所贡献。这些著作（拉丁文译本）对欧洲近代科学的诞生产生了积极影响。

01

中亚古国的天才数学家

由于历史的久远沧桑,抑或是战乱时期古老文献典籍的丢弃损毁,有关花拉子米的生平记事史料被完整保存下来的甚少,就连其生卒年月至今都无法完全确定。有关他的出生地一直流传着两种不同说法。一种说法认为,花拉子米出生于位于花剌子模地区的希瓦古城。另一说法认为,花拉子米的祖先来自花剌子模地区,而他本人其实是出生于巴格达附近的库特鲁伯利。虽这两种说法都无足够证据,但大部分学者还是认定,花拉子米出生于花剌子模地区。花剌子模位于广袤开阔的中亚地区,包括现今土库曼斯坦的达沙古兹州、乌兹别克斯坦的花剌子模州以及卡拉卡尔帕克斯坦自治共和国的一部分。

花拉子米的全名是穆罕默德·伊本·穆萨·阿尔·花拉子米,其大概意思是来自花剌子模地区的穆萨的儿子穆罕默德。他的全名似乎告诉我们,承载他孩提懵懂时期与少年求学时光的故土就是那个拥有悠久历史和文化积淀的花剌子模地区。另外,在一些文献资料中,花拉子米经常地被称为"袄教徒"。从中可以猜想，也许花拉子米的祖先就是一位来自波斯帝国琐罗亚斯德教的祭司，他们熟知经典礼仪，博学而又多才。这样家庭为花拉子米提供了良好的求知氛围。

根据史料的记载以及考古发掘，花剌子模地区在历史上曾经存在过宏伟坚固的城市，公元纪年之前，这里就曾建成过规模宏大的农业灌溉系统。可以说，花剌子模地区素来就有研习精密科学的文化传统，要知道，对水道沟渠的测量，对堡垒要塞的设计，对多层宫殿的建造不仅需要测量者、设计者或建造者具有扎实的实践能力，还需要他们掌握精密的水平测量和复杂的测定计算等技能。除此之外，古代花剌子模人还基于自身天文学成果之上创造出自己的独立历法体系。

花拉子米的童年是在家乡度过的，他在这里接受初等教育，后来才前往中亚细亚的古城梅尔夫（现土库曼斯坦的马雷）学习深造，并在阿富汗、印度等地拜访求学。可以说他取得的成就绝对离不开故乡花剌子模自古以来形成的研习精密自然科学传统的熏陶，这种传统在花拉子米以后的科学创作中得到了明显延续。

02 "智慧宫"中的领军人物

8世纪初期的中亚地区,包括花剌子模在内都遭受到了残酷战争的洗礼。公元7世纪前后,强大的阿拉伯军队战胜了波斯帝国的萨珊王朝,占领了花剌子模及其附近的中亚领土。战争为这一地区带来了毁灭和死亡,侵略者对花剌子模的大部分文化古迹都进行了毁灭性的破坏,留下的只是满目的断壁残垣。随着乱世的结束,社会再次迎来稳定,战争对这一地区造成的创伤也开始逐渐愈合,阿拉伯帝国的统治者重视科教文化,花剌子模地区的科技水平更是达到了前所未有的高度。一般认为,中亚地区的科技巅峰开始于9世纪,当时,在这古老的大地上,有多达数十个的科学和文化机构(科学院或研究所)竞相争辉。在9—11世纪,中亚地区涌现出了一大批继往开来的科学家,他们在精密科学领域相继取得的伟大成就,为这一区域在世界科学史上写下了一段辉煌的篇章,其中对科学贡献最大的当属花拉子米。

8世纪中期,曼苏尔哈里发执政后,于762—766年在巴格达建新都。由于阿拉伯帝国不断远征,占据了大片亚欧大陆的领土，巴格达一度成为连接东西方的交通枢纽。此时，大量从遥远东西两端走来的官员、商人和学者，携带着各自国家的文书、物品以及著作典籍汇集到这里，他们或洽谈商务，或研习科技，或讨论学术，巴格达也就成了当时世界上最重要的贸易、科学与文化中心之一。另外，曼苏尔哈里发为首都巴格达建造了一大批规模宏大的科研学校，吸引了来自东西方各个不同国家的著名学者前往。而到了哈伦·拉希德哈里发时期，他为首都巴格达建造了一座收藏有众多珍贵科学文献的图书馆，并从近东等地区的各类学术机构中搜集来了大量科学研究的手稿资料。关于这些机构，有种说法认为，其实它们都是由中世纪那些躲避古代雅典和亚历山大学术界迫害的学者们建立的，因此这些手稿中包括了许多古希腊的数学和科学文献。但不论怎样，王朝历代统治者对于科技文化的重视以及东西方慕名而来的学者对于科学发展的贡献，都为马蒙哈里发时代科学文化的繁荣奠定了基础。

相传马蒙还在担任阿拉伯东部地区总督一职时，就曾在梅尔夫古城召见过当时已有名气的花拉子米，也许就是在那个时候，花拉子米的科学才华就得到了马蒙的极大赏识。后来花拉子米前往当时的学术中心巴格达，在马蒙创办的"智慧宫"所属的图书馆和天文台工作，长期从事数学研究和天文观测，直到逝世。"智慧宫"主要是在宫廷翻译研究机构和皇家图书馆的基础上创办而成的,其中除了拥有豪华的藏有共计超过400000卷古老文献手稿的图书馆之外,还设有两个天文观测台。当时,大量来自中亚地区,自然也包括来自梅尔夫古城和花剌子模地区的学者被吸引到巴格达的"智慧宫"。这里可谓人才济济,群贤毕至。"智慧宫"在花拉子米整个后半生中占据了特殊地位,是他事业走向高峰和功成名就之地。

据史料记载,"智慧宫"创建初期,科学家们要对一系列搜集而来的关于天文学、地理学、测量学、几何学、医学生物学、哲学等科学著作进行翻译和注释,把它们从古印度文或古希腊文转换成阿拉伯文和拉丁文,以便当时聚集在巴格达的学者们能够自由阅读。如今,我们已经无从知道花拉子米是否参与过这样的翻译工作,但是我们要感谢那些翻译者们,是他们让8—9世纪的阿拉伯世界能够了解到希波克拉底和盖仑,柏拉图和亚里士多德,欧几里得和托勒密等人的著作。同时也正是在这一时期,整个伊斯兰世界都对古希腊和希腊化时代的科学研究表现出了特别的关注,翻译的书籍中关于数学、天文学、测量学、数理地理学等精密科学的成果,引起了包括花拉子米在内的众多巴格达科学家们的极大兴趣。其实,早在马蒙之前,巴格达学者就已经对东方的印度和西方的希腊等地区的科学著作进行过大量的翻译工作。

在这一过程中,他们不仅对东西方科学文化有了深入的了解,还在此基础上展开了独立的科学研究,而且在不同的知识领域取得了卓越的成果。花拉子米也是如此,他通晓中东、近东、巴比伦以及古希腊的科学知识,他正是在汲取和融会东西方科学的基础上写出了独具风格的代数著作。

03 世界数学史上的里程碑

作为中世纪巴格达城中的"智慧宫"里面首屈一指的大科学家,花拉子米总是兢兢业业、尽职尽责地去做好每项科研工作。可以想象,当年为了搜寻各种关于数学的古老文献或经典译著,他日复一日地徘徊于"智慧宫"中的图书馆里,年复一年地穿梭在城市的多个学术机构之中,反复研读古埃及、古巴比伦、古希腊以及古印度的数学知识。早在花拉子米之前,比如,古埃及和古巴比伦时期,已经有许多优秀数学家对各种数学问题进行过研究。从遗存下来的资料中,可以窥见当时的算术已在向代数逐步过渡,而到了古希腊时期以及7—8世纪的印度,代数学则更是由于丢番图和婆罗摩笈多的推动获得了极大的发展。花拉子米正是在对前人科学成果研究基础上，于约 820 年写出了一本集大成且流传至今的数学巨作——《积分和方程计算法》，也叫《代数学》。

在《代数学》一书中，花拉子米使用的一些运算技巧常常和巴比伦的一些数学方法是不谋而合的。比如，书中第三部分关于遗产计算等问题，其中在求倒数的方法上可以看到古巴比伦数学成果的一丝痕迹。此外，数学家们还发现，花拉子米的《代数学》一书也受到了印度数学的极大影响，其中有很多方面与《婆罗摩笈多历算书》中的知识重合。比如，花拉子米在给出圆的弓形计算公式的时候，称弧为"月牙"，弓形的高为"箭"，这与印度人的叫法完全一致。几何篇章中也有一些来自印度的算法。在"商业交易"这一章节中，主要应用简单的"三率法"来解决实际问题，而"三率法"早在印度的婆罗摩笈多的著作中就出现过，数学史家 M. 克莱因甚至说"阿尔·花拉子米的代数是根据婆罗摩笈多的著作写的"。但是，花拉子米的《代数学》一书与前人的著作相比还是有许多不同。首先，就印度数学而言，婆罗摩笈多在自己的代数解法后并没有附加上相应的几何证明，而花拉子米却在讨论了六种典型方程的解法之后，又用几何方法给出了证明。对此我国有学者认为，《代数学》几何证明中的方法与中国古代数学的"出入相补原理"相近，特别与赵爽"勾股圆方图注"等所体现的方法相似，所以，花拉子米也可能受到中国传统数学思想的影响。除此之外，花拉子米是数学史上最早认识到二次方程有两个根的数学家，但是在创作《代数学》一书时他却只取正根，对于负根和零根一概摒弃；他完全用文字的形式对一些数学计算过程进行阐述，没有采用任何简洁明了的符号来进行演示说明，让后人感到其中的不足。但不论怎样，是花拉子米在其《代数学》一书中首先创造性地提出了二次方程的一般解法，把代数学的研究提高到了一个新的高度，开创了一门系统的独立学科，奠定了代数学的发展基础。

一般认为，《代数学》中所讨论的一次和二次方程问题可以追溯到古巴比伦时代，但是花拉子米讨论的问题比巴比伦人更系统，方法更具有普遍性。如今，数学学科中的"代数"一词也正是来源于这本书的书名。这部论著由三部分组成。在第一部分中，花拉子米系统地阐释了线性方程和二次方程的理论知识，首次提出了一元二次方程的全部解法及其相应的几何证明；在第二部分"测量篇"中涉及的一些关于几何学方面的问题，他给出了计算正方形、三角形和菱形面积和计算正四棱台等体积的规则；在第三部分中，花拉子米则是结合实际，把代数方法应用到解决具体的生活、贸易和法律问题中去。正如他自己在绪论中所叙述的那样："我写这本关于代数计算和包含简单与复杂算术问题的对消计算的书，它或许会成为人们在分配遗产、起草遗嘱、分割财产、就贸易与各种交易问题进行法律诉讼时的必备之物，它或许对于人们测量土地面积、修建水道沟渠等类似场合也是必不可少的。"从中我们可以看出，花拉子米非常强调代数学在实践方面的意义，并且希望人们能够借助于他的代数方法来解决各种各样的实际问题。

在花拉子米之后，《代数学》曾被许多的东方数学家们注释过和完善过，并且在12世纪的时候被翻译家格拉多·克雷莫纳和英国的罗伯特先后两次翻译为拉丁文而传入欧洲，其以逻辑严密、系统性强、通俗易懂和联系实际等特点成为往后几个世纪的数学教科书的鼻祖与典范。如今，在牛津大学的图书馆里仍然还保存着抄录于1342年的《代数学》的阿拉伯文手稿。可以说，正是在这部著作的直接或间接影响下，13世纪的欧洲科学界出现了一大批类似于斐波那契这样的优秀数学家。因此，科学史家萨顿称罗伯特的译文"标志着欧洲代数学的兴起"。

花拉子米另一部流传后世的著作是《印度的计算术》。顾名思义，花拉子米的这部著作主要就是介绍印度计算的方法。对当代世界而言，《印度的计算术》这本书有着其非常特殊的历史意义，因为它所普及的十进位值制记数法早已成功地取代了其他记数法，成为如今各大洲都在普遍使用的计算和记录数字的方法。作为第一部用阿拉伯文撰写的、向伊斯兰国家介绍印度数码和记数法的著作,它的出现促进了十进位值制记数法在整个阿拉伯世界的普及和推广。当时,公元773年(另说771年),印度学者把他们著名的《悉檀多》(历数书)带入阿拔斯王朝曼苏尔的宫廷中。印度的数码和记数法从此传入伊斯兰世界。因而,在这部著作中,花拉子米首先阐述了印度人利用九个数码和零号来进行记数的十进位值制记数法;然后详细地讲述了印度数码算术运算的法则。其中,对于整数,他指出所有运算都从最高位开始,这样计算既容易又简单。另外,在算术论著中花拉子米还专门讲述了分数理论和其运算法则。有趣的是,花拉子米关于分数的表示法与古代中国的方法完全一样。中国科学史家推测,这种分数的表示方法是由中国经印度传入阿拉伯的。

到了12世纪的时候,《印度的计算术》这本书被翻译成拉丁文,从而传入欧洲,在当时的欧洲世界普及和推广了阿拉伯数字,推动了欧洲世界代数算术的发展。可以说,《印度的计算术》这本书的问世对十进位值制记数法在中东、近东和欧洲各国的传播和普及都起到了决定性的作用,是花拉子米教会了欧洲"计算"这门技艺,他的这部作品则完全可以称得上是第一批东西方算法家桌上的指南。不过,有趣的是,《印度的计算术》这本书名字中的"Algoritmi"其实是花拉子米名字的拉丁文形式，然而它却逐渐演变为指代这本算法书的意思，成为十进位值制记数法的代名词，也就此形成了现代专业术语"Algorithm"（算法）。另外据记载，"Algorithm"这一术语第一次是由莱布尼茨使用。

可惜的是，花拉子米的这部算术著作目前仅有译本保存流传了下来，也就是现今保存在剑桥大学图书馆的14世纪中叶翻译的拉丁文译本手稿。据推测，这本手稿的译者可能是盖拉尔多·克雷莫纳或英国巴思的阿德拉德。

在历史的长河中，花拉子米这两篇硕果仅存的关于数学的著作不仅在数学史上，就是在世界文明史上也有其独一无二的历史意义。自从花拉子米把代数学从几何学中分离出来后，他的名字就和初等代数的出现以及在现代科学中广泛使用"算法"这一术语紧密相连。花拉子米在那段被称作中世纪东方科学黎明前曙光的时间里为算术和代数的发展作出了巨大贡献，因此他的名字被无可争议地写进了精密自然科学的历史。另外，花拉子米的数学论著也是第一批从阿拉伯文翻译为拉丁文后传入欧洲的数学著作之一，因而在以后几个世纪的岁月当中，花拉子米的著作都对西方科学产生了广泛而深远的影响，甚至可以说其推动了文艺复兴时期欧洲数学的繁荣和发展。

04 照亮世界的科技之光

公元 10 世纪由阿拉伯著名书目编纂家伊本·奈迪姆撰写的《书目》，汇集了 10 世纪之前最有影响力的作家的生平，其中有阿尔·花拉子米的资料："阿尔·花拉子米，他的名字叫穆罕默德·伊本·穆萨，出生于花剌子模。他曾提出亲自管理阿尔·马蒙的'智慧宫'，并是个天文通。当时和以后进行天文观测的人们都依靠他的两个《天文表》，其中第一版和第二版都是以标题'阿斯·信德兴'闻名。以下几本书是他的两次校订后出版的：《天文表》《论日晷》《星盘的功能》《星盘的构造》和《历史之书》。"

通过这份穿越千年的历史资料，我们了解到，花拉子米生前对理论天文学和实用天文学、地理学以及历史学都表现出了浓厚的兴趣，科学爱好十分广泛。根据现有的资料记载，花拉子米共有 12 部著作，其中有 6 部以阿拉伯原文、3 部以拉丁文译本或改写本保存到现在。而《历史之书》、《加减法之书》和《星盘的构造》这三本书都没有逃脱历史的动荡岁月，我们只能从一些提及它们的中世纪学说或理论史料中寻觅到少许片段，无法看到这些书的完整内容。其中《历史之书》是花拉子米在历史学方面的唯一著作。但总的来说，花拉子米流传下来的著作内容还是非常广泛的，除了之前提到过的融会各家而自成体系的关于代数学的《代数学》和介绍印度记数法的《印度的计算术》之外，还有关于地理学的《大地景观》、关于天文学的《论日晷》《天文表》、关于历法的《论犹太人历法及其节日推算》、关于星盘的《星盘的功能》《星盘的构造》等。可以说，花拉子米绝对称得上是一位博学多识的科学家，因此在科学史上被视为第一个"百科全书式"的学者。

花拉子米的天文学著作《积尺》，也就是《天文表》和《三角表》的汇编，成了解决理论天文学和实用天文学问题的必要工具，也是阿拉伯文学史上第一次使用正弦表和引入正切的专著。在东方，曾有大量天文学家引用过花拉子米《天文表》。12世纪初，《天文表》被翻译成拉丁文传入欧洲，成为中世纪东方和西欧在这一领域中研究的基础。借助这些数据表，天文学家们能够测定时间、计算天体位置、确定日食和月食开始的时刻等。除此之外，花拉子米还曾对不同民族的历法体系进行过描述，写了很多关于星盘的构造和使用的论文。与其同时代的天文工作者一样，花拉子米对天文学的研究主要还是基于宇宙地心体系，因此存在其历史局限性，但他对实用天文学的发展所作的贡献是毋庸置疑的。

为了全面掌握阿拉伯帝国内外地理情况，执政者马蒙命令"智慧宫"里面的学者着手制作世界地图。那时近东和中东的学者们主要是以早年传过来的古希腊、古罗马时期的数理地理学成果为依托来执行这一任务，但这是一个特别需要丰富的数学和天文学知识的工作。在进行测量和绘图的旅途中，不论是陆上的漫漫远行，还是海上一望无际的航行，都要求学者们对路线有精确的了解，并熟练地掌握在旅途中辨别方向的技能。正是花拉子米创作的第一部地理学著作《大地景观》为他们的旅行奠定了基础。《大地景观》是中世纪第一部阿拉伯文的地理学专著，它对后来的地理学、大地测量学和制图学的发展产生了深远的影响。

《大地景观》最早被发现于16世纪的开罗，如今则收藏在斯特拉斯堡城的图书馆内，是其中唯一的一本阿拉伯文书籍。书中首先详述了当时所知的地球上的居民区，并画出包括重要居民点（标明坐标）、山、海、岛、河流等的地图。作者虽然参考了希腊的有关著作，但具有独创性，给出许多全新的资料。例如，他把地球上居民区分为七个"气候带"，还修正了托勒密有关著作中的一些数据。该书附有四张地图，都是用最古老的阿拉伯制图术绘制的。这部作品引起了包括意大利、捷克、匈牙利和俄国学者在内的全世界研究者的关注，其中俄国伊·尤·克拉奇科夫斯基院士就对这本书给予了非常高的评价。他认为《大地景观》是至今为止关于阿拉伯世界制图学最古老的文献资料。另外，在进行地理学研究的过程中，花拉子米还带领"智慧宫"里的科学家们对子午线一度的距离进行了测量，从而计算出地球的周长。

花拉子米时代距今已有十几个世纪，研究花拉子米遗留的这些著作，分析花拉子米同时代人和追随者的作品有助于我们全面了解这位伟大科学家的科学遗产。那些12世纪传入欧洲、如今被保存在西方国家的花拉子米遗产极大地影响了后来世界各类学科的形成。"花拉子米的著作，特别是他的算术专著，不仅成了东方，而且也成了文艺复兴时期早期欧洲数学著作的基础。"著名的科学史之父萨顿曾把花拉子米称为"他那个时代最伟大的数学家，即使放在整个科学史上来说，也是所有时代中最伟大的人物之一"，"他的名字完全可以代表阿拉伯9世纪上半期的所有科学成就"。

尽管经历了上千年，花拉子米及其论著对现代科技与生活仍然具有深远影响。花拉子米好比一束中世纪的阿拉伯科技之光，他照亮了代数学、天文学、地理学等一系列学科未来数百年间的发展之路，推动了西方的科技进步，亦服务于现代社会文明发展。

1983年，联合国教科文组织举办了纪念伟大科学家花拉子米诞辰1200周年活动。在花拉子米诞生的国家，乌兹别克斯坦共和国科学研究院专门建立了算法研究所，以纪念花拉子米对算法研究作出的巨大贡献。

作者：桂欣，南京工程学院讲师

参考文献：

[1] 梁宗巨：《数学家传略词典》，山东教育出版社，1989年版，第241—243页。

[2] 杜瑞芝：《花拉子米》，吴文俊《世界著名数学家传记（上集）》，科学出版社，1995年版，第261—272页。

[3] 高宏林：《中世纪阿拉伯大数学家阿尔-花拉子米》，吴文俊《中国数学史论文集（第三卷）》，山东教育出版社，1987年版，第145—151页。

[4] 郭园园：《花拉子米〈代数学〉的比较研究》，天津师范大学硕士学位论文，2009年。

[5] 刘琳、杜瑞芝：《花拉子米〈代数学〉探源》，《广西民族学院学报》（自然科学版）2006年第20期，第53—58页。

[6] 杜瑞芝：《花拉子米和他的代数论著》，《数学的实践与认识》1987年第1期，第79—85页。

[7] 孙宏安：《花拉子米与代数学》，《数学通报》1998年第5期，第29—30页。

[8] 杜瑞芝：《花拉子米的算术著作》，《辽宁师范大学学报》（自然科学版）1986年第1期，第50—56页。

伊斯兰教圣训学泰斗

——布哈里

在中世纪的中亚，曾经有这样一个人，他曾访问过1080个长老，听取并记录了60万条圣训，用16年时间进行综合分析、筛选和研究，把穆罕默德的言行与其弟子的言行和再传弟子的教法判例加以区别，列出7397条他认为真实可靠的圣训，再经过认真"评论"和比较，依照"信仰""礼拜""朝觐""斋戒"和"圣战"等题材和教法门类，编写出《圣训实录》，被后人称为伊斯兰教圣训经典，流传至今已上千年，是世界文明历史中的瑰宝。他，就是被世人公认为伊斯兰教圣训学泰斗的布哈里。

布哈里（Al-bukhari，810—870年），本名是穆罕默德·伊本·伊斯玛仪·伊本·伊布拉欣·伊本·穆厄伊尔·伊本·白尔迪兹拜·嘉尔菲（Muhammad ibn Isma'il ibn Ibrahim ibn Al-mughair ibn Bardizbah Al-ja'fi），别名阿布·阿卜杜拉（Abu' Abdullah），出生在中亚文化古都布哈拉（今乌兹别克斯坦境内）。人们习惯称他为"布哈里"，就是"布哈拉人"的意思。他是中世纪伊斯兰教圣训集录家、圣训学奠基人。为了采录、研究圣训，他在广阔的阿拉伯统治领土内长途跋涉，寻访圣训传述家、收藏家和背记人，全面搜集圣训正文和传述系统，探讨圣训学上的疑难问题。其重要著述除《圣训实录》外，还有《圣门弟子和再传弟子的教法判例》《人类的行为的受造问题》《敬孝父母》《大史》和《小史》等。哈布里的学术成就蜚声学界，其著述随之成为各家各派进行学术研究、演绎教法的重要依据和讲学教材。

01
从小多舛的命运

布哈里出生于中亚文化古都布哈拉的一个家境富有、虔诚的圣训学者家庭。其父亲伊斯玛仪，别名阿布·哈桑，是当时一位很有学识的圣训学家。有资料记载显示，布哈里的父亲曾经接触过著名的穆斯林学家阿布杜拉·伊本·穆巴拉克，还聆听过马力克教派的创始人马力克·伊本·阿纳斯的圣训。同时他还是一位能干的商人。伊斯玛仪生前有一好友及师长，他是当时布哈拉地区一位法学大师，叫艾哈迈德·伊本·哈夫索，他在布哈里长大后对其讲述了这样一件事。当年，在布哈里的父亲伊斯玛仪临终前，艾哈迈德去探望他时，他对艾哈迈德说："我问心无愧的是，我的财富里没有一文是非法之财，也没有一文可疑之财。"艾哈迈德说："当听到这番话时，我真的自愧不如啊！"父亲的这段话深深地印记在布哈里心里，成为他一生为人处世的信条。

父亲过早去世使布哈里在很小的时候就失去了父爱，好在他的父亲给家里留下了一笔巨额财富,为布哈里日后生活与求学提供了主要经济来源。布哈里的母亲同样是一个虔诚的信徒,她心地纯洁、善良贤淑,在丈夫去世之后,独自一人挑起了家庭生活的重担。可祸不单行,幼年的布哈里患上了眼疾,几乎完全失明。当时布哈里母亲异常痛苦,她不能坐视自己孩子就这样失去光明,在医治无望的情况下,她终日祈祷,甚至梦中都在祈求真主帮助治愈她的孩子。也许是她的虔诚祈祷感动了神灵,布哈里的眼疾竟然奇迹般地自愈,重见光明。

艰辛的成名之路

布哈里勤奋好学,强记博学,10岁前就熟读圣训,能通背整部古兰经和当时学堂中所使用的一些基础课本,显示出过人的记忆力。他10岁时便开始拜师求学,学习教法。11岁时,当老师或教长讲课中援引穆罕默德言论有误时,他便敢大胆指出,予以纠正。有些教长不相信布哈里的记忆力,布哈里便旁征博引,直到教长确认自己出错。由于布哈里在撒马尔罕孜孜不倦钻研圣训,不断向宗教权威人士讨教,他的学业进步很大。布哈拉学者萨利姆·穆扎西德曾说:"有一天我去朋友家里,朋友对我说,如果来得早的话,你便可遇到一位勤奋的小伙子,他熟记的圣训有7万条之多。"

16岁时,布哈里随其母亲和兄长前往麦加朝圣,实现了他多年愿望。随后他独自一人留在了麦加,在神学班钻研圣训,整整两年。

827年,18岁的布哈里只身前往麦地那继续求学。在那里他师从当时一批著名的教长,并有机会结识了许多东西方的伊斯兰学者,其间不断搜集圣训。他虚心好学,向各类教长请教,求学态度令人钦佩。布哈里自己曾说过,他曾访问过1080位教长,他们每个人都是大学者。但让他受益最大的则是两位恩师,他们是著名的圣训学家——阿里·伊本·马迪尼和易斯哈格·伊本·拉瓦迪。

在求学期间,布哈里拜访了伊斯兰教和早期伊斯兰文化的发祥地——汉志,周游了许多伊斯兰都市,到过吉达、巴士拉、库法、巴格达等地。每到一地,他便走访当地的著名学者和教长,从拜访交流中广泛搜集穆罕默德的言论。布哈里还到过达累斯萨拉姆,见到了罕百里教派的创始人艾哈麦德·伊本·罕百里,听他讲学,从他那里搜集了不少先知的言论。

布哈里的名声逐渐远扬,他的渊博学识得到了宗教界的承认。于是他开始到处讲学，每到一地，身边就簇拥着热切地想听他讲学的人们，老少皆有，当时他还是一个未满30岁的青年。在巴士拉、库法、埃及、雷伊（今伊朗德黑兰南郊，是伊朗北部重要古城）、撒马尔罕等地，他都讲过学。当时的巴格达是伊斯兰世界的政治文化中心，各派学者荟萃，群英争雄。圣训学的先驱艾哈麦德·伊本·罕百里曾住在这里。布哈里先后八次前往，与以罕百里为首的圣训学家们一起研讨学问。罕百里谢世后，布哈里取代了他的地位，成为在圣训解释和研究方面的权威性伊玛目（领拜人）。那时，他的聪明才智、非凡的记忆力、深邃的思想、雄辩的口才得到了充分的展现，他的学生和听众对由他传述的圣训都笃信无疑，全盘接受。于是有一些很有声望的圣训学家便想考考他，故意将圣训中某些条目的出处和背景说错，以此来刁难布哈里，可结果却是自讨没趣。有一次，巴格达的学者们聚集起来，商定对布哈里进行一番公开测试，以验证他是否如传说中所说，是一位记忆超强、精通圣训的伊玛目。他们特意约请布哈里做一次公开讲座。在无数听众面前，他们故意将100段圣训的传述系统和正文打乱，由10个人分别向布哈里轮番提问，每人说10段错乱的圣训，问其是否正确。布哈里却回答："我不知道。"一直到每人各自10段提问全部结束，布哈里的回答依然是一句"我不知道"。当时，测试布哈里的人们还有些自鸣得意，认为布哈里徒有虚名，无言以对。但是，令在座所有人意想不到的是，布哈里将10位提问者的各自表述全部记在了自己的脑子里，然后一一纠正了他们的错误，并将每段圣训的正确顺序逐一告诉提问的人。当时在场的人惊叹不已，都对其渊博才识大为赞赏。

在各地讲学与切磋期间，布哈里时时注意圣训的搜集与整理。在这过程中他发现，他以前的学者们在编著圣训时，并不注重辨别圣训的健全性。他们只注重记录，而把对圣训传述者本人及其可靠程度的研究交给了读者和听众自己。另外，有的学者搜集的圣训，要么只记录麦地那人传述的圣训，要么仅限于麦加人传述的圣训。例如，马力克教长搜集的是汉志地区所传的圣训，但又特别注重这一地区内麦地那人所传述的圣训。伊本·朱来哈搜集的是大小汉志地区所传的圣训，但又特别注重这两区内麦加人所传述的圣训。布哈里打破了这一局限，他在熟记本地学者们所知道的圣训后，便负笈远行，寻求各地传述的圣训。他在阿拉伯世界各地寻访，从呼罗珊到伊拉克、埃及、叙利亚，足迹遍及巴格达、巴士拉、库法、麦加、麦地那、开罗、大马士革、开塞利、阿什凯隆、霍姆斯等地。就这样，他在无数次远行中度过了16个春秋。布哈里的非凡举动为后来的圣训学者们树立了榜样，开拓了一条读万卷书、行万里路的取经之道。

随着岁月流逝，布哈里愈加博识多通，在穆斯林中声望日隆。857年，布哈里来到内沙布尔（伊朗东北部城市）时，受到了当地民众热烈欢迎。圣训学大师穆斯林·本·哈贾吉在谈到当时布哈里受到的欢迎盛况时说："当布哈里来到内沙布尔时，内沙布尔人热烈地迎接了他。我不曾见过任何一位总督或学者受到过如此隆重的接待。"布哈里在内沙布尔设帐讲学，人们纷纷前来听讲，讲堂的庭院常被挤满，有时甚至连房顶上都是人。布哈里以渊博的学识赢得了众人对他的崇拜，他在人们心目中是一个德高望重的伊玛目。

一代大师的高贵品格

布哈里不仅学识渊博，而且为人谦逊。平时他做人低调，有些沉默寡言，从不自我炫耀，也不嫉妒他人，不拘泥尘世琐事。他心地善良，乐于助人，生活简朴，继承了其父亲的高尚品德，崇尚圣训，布道行善。在布哈里一生中，他救助穷人无数，他每月从自己收入中拿出500迪拉姆（币值单位）去帮助他人。有一次，别人向他前后借了上万迪拉姆，却迟迟不还。此事引起了他朋友与学生们的不满，大家建议他去打官司，讨回钱财，但布哈里却并未那样做，而是对他们说："如果我向当局求助，那么当局便会要求我对他们一些利益相关的问题进行表态。我不能为了虚荣而出卖宗教信仰。"但其朋友们还是背着他将此事通报了官员。当布哈里得知后，他便写信给当局，请求不要惩罚借债人，并拟订了一份协议，协议中只要求对方每年归还 10 个迪拉姆。

布哈里为人正直，不为权贵折腰，鄙视阿谀奉承之人，被人们公认为圣训学的榜样，但也因此招致了权势者的嫉妒和恶意诽谤。

9 世纪初，阿拉伯世界商贸中心巴格达受到了各种思潮和观点的冲击。当时"《古兰经》人为说"在伊斯兰学术界广为流传，首当其冲的就是圣训学家。哈里发穆太瓦基勒登基以后，大力支持伊斯兰法律学家和圣训学家。"《古兰经》天启说"被定为正统的观点，"《古兰经》人为说"被定为异端邪说，凡是坚持这一观点的人都有被杀头的危险。布哈里认为圣训学家们不宜参与这类辩论，因为他们的任务是传播先知的言论，使当代人的处世行事有据可查，有法可依。这使得一些嫉妒布哈里的人随心所欲地解释他的缄默，肆意歪曲布哈里的言论含义，说他曾说过"崇拜者的一切行为都是人为的"。换言之，就是说《古兰经》是后人创造的。布哈里发现有人想陷害他，对此十分厌恶，毅然离开了巴格达，前往各地周游。不久，他回到了自己的家乡——布哈拉。故乡的人们热情地欢迎他，他便在当地清真寺内继续讲学。

当时的布哈拉总督是一个塔希尔王朝的拥护者，因仰慕布哈里的名声和学问，便派人上门请布哈里带着《圣训实录》及历史著作去给他的子弟们讲授。可是布哈里却对总督秘书说："你告诉他，我不会让知识受辱，不会带着知识低三下四地进王公权贵的门。如果他需要这些知识，让他到我这里来，到我的家里或清真寺里来。如果这让他感到不满意的话，他有权有势，那么就让他来阻止我的讲座吧，也好在后世日子里，在真主面前，我有理由说，我并没有隐匿知识！"面对权贵利诱，布哈里没有表现出任何卑躬屈膝、阿谀奉承之意，而是理直气壮地捍卫知识和学者的尊严，体现了一代大师的高贵品格和凛然气节。

布哈里的这番言论激怒了总督大人，他怀恨在心，为了报复布哈里，便让手下人挑唆一些当地居民去阻止布哈里讲学，指责他讲的是歪理邪说。布哈里成了嫉妒者和恶意者们诽谤的牺牲品。869年，布哈里应邀前往撒马尔罕。在抵达撒马尔罕北部25公里处一个名叫哈尔顿克的小镇时，布哈里因寻亲访友想在小镇上短暂停留。但撒马尔罕当地一些居民因受他人蛊惑不明真相，对布哈里冷嘲热讽。不久布哈里身染重病，他感到时日不多，便时常彻夜祈祷。不到一个月，撒马尔罕又派人来接他，他答应前往。但当他穿上靴子、缠好头巾、朝着坐骑走了二十几步后，布哈里突然对随从人员说："请扶我回去，我不行了！"人们马上扶他回到屋里，他端坐着，久久祈祷，然后躺下，不多时，便溘然长逝，享年60岁。那天正好是870年9月1日，是穆斯林开斋节。

布哈里去世后，他被安葬在撒马尔罕哈尔顿克小镇上。16世纪时，人们在布哈里墓地边上建造了一座规模不大的清真寺，以纪念这位令人钦佩、了不起的伊斯兰教圣训学家。

随后的几个世纪，布哈里这位伊斯兰教圣训学泰斗被时代淡忘。一直到1954年，当时苏共领导人赫鲁晓夫接待来访的印尼总统苏加诺时，作为世界上穆斯林人口最多的国家的领导人，苏加诺提出要参拜布哈里墓地的请求。当时政府部门不知所措，因为几乎无人知晓布哈里究竟安葬在何处。出于政治需要，苏共领导人紧急派遣有关人员火速前往中亚加盟共和国实地查寻，费了一番周折后，总算找到了布哈里墓地及其清真寺遗址。当地政府机构连夜动工，对布哈里墓地和清真寺进行了紧急修缮。后来苏联政府基于发展与伊斯兰国家关系的考虑，便将布哈里墓地和清真寺管理事务转交给中亚与哈萨克斯坦穆斯林宗教管理局。后来乌兹别克斯坦获得主权独立，其首任总统卡里莫夫下令隆重纪念这位世界名人，1998年为纪念布哈里诞辰1225年（伊斯兰历法），由布哈拉市民及组织机构募捐兴建的布哈里纪念建筑群顺利竣工并对外开放,从此成了当地著名的游览胜地,也是乌兹别克斯坦文化名人的纪念圣地,吸引了世界各地的人们前来参观与瞻仰。

04
宝贵的精神遗产

布哈里终生未娶,他把全部精力都奉献给了圣训学事业;他没有留下子嗣,却有数以万计的弟子;他没有留下物质财产,却留下了非常丰富、珍贵的文化遗产。他的著作多达几十部,除了代表作《圣训实录》外,还有《独有礼节》《礼拜中抬两手的问题》《在领拜者之后颂读天经的问题》《敬孝父母》《大史》《中史》《小史》《圣门弟子及再传弟子的教法判例》《人类行为的受造问题》《大全》《世系大全》《经注大全》《畅饮书》《馈赠书》《弱者书》和《圣门弟子名录》等。

布哈里一生最伟大的成就是精心搜集与整理了伊斯兰教创立者穆罕默德生前的至理名言,这有点类似中国孔子弟子记载孔子言行的《论语》。为了"记载先知真实话语的圣训",

布哈里走遍了阿拉伯世界，将流传的穆罕默德生前真实言论收录在《圣训实录》一书中，这些圣训被称为"哈迪思"（Hadis），《圣训实录》被逊尼派认为是仅次于《古兰经》的伊斯兰教权威经典。

究竟是什么原因促使布哈里去搜集和整理先知的言论？

先知穆罕默德在世时，圣训并没有被记录成册，虽然偶尔也有零星记录，但大部分的圣训都是被背记下来、口耳相传的。原因是先知穆罕默德当时曾禁止记录圣训，以免与正在颁降的《古兰经》相混，而且当时绝大多数圣门弟子都不懂书写。先知穆罕默德去世后，《古兰经》已被完整地记录成册，而圣训仍然是口耳相传。随着伊斯兰教传播的日益广泛以及伊斯兰国家疆域的不断扩展，熟记圣训的圣门弟子分赴各地，事务繁忙，再加上不少圣门弟子在征战中牺牲或因年迈而亡故，都导致穆斯林社会中流传的圣训五花八门，真假难辨。因此，搜集整理圣训势在必行。

一些圣训学家们认为，还有两个原因促使布哈里编著了《圣训实录》。一是布哈里遵从师训。据布哈里自己说："有一次，我们在伊斯哈格·伊本·拉瓦迪先生跟前听课，他说'要是你们能将正确的圣训收编成册该多好！'老师的这句话一直铭刻在我的心里，我开始收集整理正确的圣训了。"二是布哈里立志为先知穆罕默德清除谎言。布哈里曾做过一个梦，梦见自己就好像站在先知面前,手里拿着一把扇子,为先知送凉驱蝇。他把这一梦兆告诉给一些圆梦学者,他们对他解析说,此梦预示着你将要为先知去除谎言。先知穆罕默德去世后,穆斯林社会开始出现政治派别和宗教派别,假借先知之名而伪造的圣训不断出现,圣训的纯洁性和权威性受到巨大威胁,布哈里正是为了维护圣训的神圣和权威而发奋著书。

目前我们难以确定他究竟是从哪一年开始着手编撰圣训的,但确定的是布哈里为此付出了毕生心血。

为了编著一部具有绝对权威性的圣训录,在阅读和整理别人记录的圣训基础上,布哈里一直在收集健全可靠的圣训。所谓"健全可靠的圣训"意味着圣训传述系统的正统性、公正性和严谨性。这就要对所收集整理的圣训进行健全与甄别。它不仅要求对圣训传述者生平有充足的认识,了解他们出生与归真日期,了解传述者是否见过上一圣训传述者;更需要辨别他们本人的可靠程度以及别人对他们的信任度,其中包括他们自身记忆力的强弱程度。

布哈里用毕生精力共搜集圣训 60 万段,然后从中精选出 12000 多个传述,又除去意义重复的 4000 多段,收录到《圣训实录》里的圣训有 7397 段。布哈里说:"我用了 16 年的时间,从 60 万段圣训中选编了这部圣训集,我使它成为我与安拉之间的见证。"伊布拉欣·穆阿格里也说:"我听穆罕默德·伊斯玛仪（布哈里原名）说，'我收入在这本书中的都是正确的圣训，还有更多的正确的圣训我没有收录在其中，因为担心书太长'。"

布哈里录写圣训恪守一条规则：如果圣训的传述人健在，无论路程多远，旅途多苦，他必定亲自登门拜访，当面请传述人证实某条训诫的出处。如果传述人已经作古，就去找他的弟子，加以证实。凡是布哈里接触过的传述人，他都会对他们进行认真的研究分析，弄清他们的思想主张、政治倾向、道德修养和经历，以便区分等级，对其信赖度加以评估。为了考证圣训来源的真实与可靠，布哈里始终坚持如下原则：第一，传述人必须是公正可靠的；第二，传述线索必须前后连贯而无中断和遗漏传述人的现象，并且还要上溯到一位著名的圣门弟子；第三，传述人和受传人必须是同时代的人，而且一定为口耳相传；第四,传述系统中传述人应不少于4人。

因此，布哈里总是长年累月地餐风饮露，跋山涉水，每到一地，往往只待上几天，便又匆匆赶往另一地。伊本·库赛尔在史书中说："布哈里有时深更半夜起床点灯，记录脑海中骤然忆起的一条圣训，接着熄灯就寝。过一会儿，想到另一条，又起来记录，然后再睡。有一夜，他起来躺下竟达20次之多。而且不论白天黑夜，他都坚持祈祷。"

"在这部圣训集中，选编的每一段圣训，在收入之前我都要先洗小净，然后礼两拜，才开始收录其中。"他说，"我给此部书命名为'有可靠传述系统的正确圣训实录'。"这就是现在的《圣训实录》。

《圣训实录》一问世，即得到了学术界的普遍赞扬和充分肯定，学者们一致公认这是最正确、最优秀的一部圣训集，因而广泛传播。这部书产生了十分深远的影响，特别是在圣训学领域。很多圣训学者都学习布哈里，追随其足迹，编纂圣训集。尽管后者无人能超越布哈里，但他们也做出了卓著贡献，如穆斯林、奈萨仪、艾布·达乌德、伊本·马哲、提尔米兹等圣训学大师。由于《圣训实录》具有极高的权威性，是伊斯兰教最重要的经典之一，历来受到广大穆斯林群众及学术界的高度重视和推崇，赞誉之辞不绝于史册。历史学家扎哈比在其《伊斯兰通史》中说："布哈里《圣训实录》是仅次于《古兰经》的最神圣、最尊贵的经典。"著名学者伊本·泰米叶说："除了《古兰经》，再没有比布哈里《圣训实录》和《穆斯林圣训实录》更正确的经典了。"

布哈里《圣训实录》不仅是伊斯兰教最重要、最基本的经典之一，而且也是研究伊斯兰文化、阿拉伯历史及语言文学、穆斯林各民族民俗风情的珍贵文献。

05 圣训学的汉译研究

作为如今乌兹别克斯坦的历史名人、伊斯兰教圣训学的泰斗,布哈里被永远载入了人类文明史册,其传世之作《圣训实录》在世界上广为流传,被翻译成了许多语言,其在中国的汉译传播同样拥有很大影响。

据相关研究记载,20世纪20—40年代,随着中国伊斯兰教与世界交往扩大,国内对伊斯兰教圣训的译本逐渐增多。至今留存在世的、比较早的汉译本有:1923年天津光明书社出版发行的《圣谕详解》,又名《虎托布》,分上、下两卷本,由伊本·沃德安编著、李庭相(虞宸)翻译。《虎托布》原著为阿拉伯文,后译为波斯文流行,是对40段阿拉伯文圣训的波斯文注解,侧重于宗教道德修养。1926年上海伊斯兰文化供应社发行了《至圣先知言行录》,又名《穆罕默德言行录》,由周沛华、汤伟烈合译。正文由29个短篇组成,以专题介绍的方式赞扬了穆罕默德的品格。1947年北平伊斯兰出版公司与北京黎明学社出版发行了《脑威四十段圣谕》,由沙斐仪学派著名教法学家兼圣训学家穆哈伊丁·脑威在《圣训实录》和《穆斯林圣训实录》中选编而成，由庞士谦翻译。穆哈伊丁·脑威选注本着重于伊斯兰教的基本知识和教理原则，主要涉及伊斯兰教的动机与效果论、信仰观、财产观、善恶观，以及睦邻与敬客、公道与助人、善良与罪恶、原告与被告等诸多现实问题。

1949年中华人民共和国成立以后，我国积极开展与各国的文化交流与合作，各项文化建设事业重新启动，文化战线面貌焕然一新，穆斯林学者对圣训的认识和重视程度逐渐加深，圣训的学习和研究也迎来了一个新时期，圣训的汉译本越来越多地摆在了普通穆斯林面前。《圣训实录》的翻译出版为从事伊斯兰教研究的专家学者提供了第一手资料。

从20世纪50年代起，《圣训实录》相关书籍在中国翻译出版，其中《布哈里圣训精华》由埃及爱兹哈尔大学著名伊斯兰学者穆罕默德·艾玛勒于1936年编著，我国穆斯林学者马宏毅先生翻译，北京黎明书社1950年出版，北京回民大众书社1954年再版并多次印刷。该书共收录700段圣训，内容主要涉及信仰、拜功、斋戒、朝觐、战争、经济、遗产等许多方面。其特点是对编著者所选编的圣训进行了注解，尤其是就某段圣训列出了四大教法学家或其中几位的见解和看法，以及伊玛目脑威·叶哈雅的注解。

此外，由伊玛目穆哈默德·艾玛勒1929年编辑、伊斯兰学者坎斯坦勒尼注释的《布哈里圣训实录精华》，由买买提·赛来从阿拉伯语翻译成维吾尔语，再由宝文安从维吾尔文翻译成汉语。此版本共收录圣训816段，包含了伊斯兰教的部分主张，特别是与穆斯林宗教生活息息相关的圣训，并且加入了一些相应注释。1981年，该书由中国社会科学出版社出版发行，民族出版社也曾出版发行过，中国社会科学出版社2004年又重新修订出版。

《圣训珠玑》，原名《鲁厄鲁·曼热加尼》，由穆·福·阿布杜勒·巴基编著、马贤翻译。这部圣训集收录了《圣训实录》和《穆斯林圣训实录》中一致的近2000段圣训，主要介绍了有关信仰、拜功、斋戒、天课、朝觐、婚姻、社会事务、商业法规、财产继承、战争、为官之道、复生日的情形、先知及其弟子的品德等。该圣训集自1982年以来一直是民间清真寺经堂教育的主要课本。它的汉译版本在我国有两种：一种是由穆台尔林翻译，1985年在我国穆斯林民间内部发行的上、下册本；一种是由中国伊斯兰教协会顾问、伊斯兰学者马贤先生翻译的版本，译者在参考大量阿拉伯文注释的基础上，又新增十多万字的注释，并为各章撰写了必要的导读。马贤先生的版本共57章（原圣训集54章，译者在翻译时进行了调整），约60万字。部分译文最早在《中国穆斯林》上发表，2002年由宗教文化出版社出版发行。

《布哈里圣训实录全集》共收录9082段圣训，除去重复的，传述系统、完整的圣训共计2762段。编者根据自己的见解，把圣训分成诸如买卖、婚姻、契约、作证、战争等不同章节，分门别类加以整理记载。该圣训集的翻译在我国还属首次，译者穆斯林学者康有玺先生在翻译中仅保留了原文中的第一位传述者，后被收入季羡林先生主编的"东方文化集成"丛书"西亚北非文化卷"。该圣训集有四部，第一部集中讲了启示与信仰、大小净的相关问题以及各种拜功的一系列问题，第二部集中讲了伊斯兰教关于农业、商业等一系列经济问题以及诚实合法经营中的伦理道德问题。这两部由经济日报出版社分别于1999年1月和2001年5月出版。后《布哈里圣训实录全集》由香港基石出版社出版。

《布哈里圣训实录全集》的"译者序"指出，当时除了伊斯兰教的经典《古兰经》有若干汉语译本外，其他有关介绍伊斯兰思想文化的汉语书籍，不仅品种和数量很少，而且极不系统，就连在伊斯兰教中其地位仅次于《古兰经》的六大部圣训集，也没有一部完整的汉语译本；学术界对此的研究也是凤毛麟角，而且多从西方学者的第二手资料入手。把东方文化重要组成部分之一的伊斯兰文化介绍到中国，让中国人更好地认识和理解东方文化，中国穆斯林学者在这一工作中负有更多的责任。因为，作为伊斯兰文化在中国的实践者和创造者,中国穆斯林对伊斯兰文化的理解和阐释不仅仅是一个翻译介绍的问题,更是一个认识自我、适应社会、更新发展的问题。

2008年,《布哈里圣训实录全集》(4卷本)完成,该全集由祁学义先生翻译,朱威烈和丁俊校译,共收入了60篇。译者从1998年始译,2001年完工,2003—2007年邀请多人进行数次大规模校对,于2008年由宗教文化出版社出版。该书先后被列入教育部人文社会科学重点研究基地重大项目成果丛书、教育部重点研究基地重大研究项目"阿拉伯经典著作的翻译与研究"子课题、教育部"211工程"三期重点学科建设项目。

综上所述,新中国成立以来,中国国内穆斯林中流传的圣训集版本比较多,这些译作主要集中在有关伊斯兰教的教义、教理、五功(念、礼、斋、课、朝)、婚姻家庭、伦理道德、商业贸易、战争、为官之道、先知穆罕默德及其弟子的品德等方面的圣训。除了康有玺翻译的《布哈里圣训实录全集》、马贤先生翻译的《圣训珠玑》、买买提·赛来翻译的《布哈里圣训实录精华》等由正规出版社出版发行外,其余的版本都未公开出版发行。所搜集的圣训除被公认的六大圣训集以外,有些版本中还增加了由其他学者搜集的、被证实是比较可靠的圣训。一些编著者或译者通过参照其他学者,或对一些圣训进行注释,或列举其他教法学派的见解和主张,增强了各学派之间的互容性。

历史证明,古丝绸之路成了中国文明与伊斯兰文明交会的桥梁与纽带。在历史长河中,东方文化之间的相互交融增进了各民族之间文明交流与互鉴,中国穆斯林为博大精深的伊斯兰文化的介绍与传播做出了极大贡献,汉译《布哈里圣训实录全集》的陆续出版,就是一个例子。它将有助于人们从正面认识伊斯兰文化,从中吸取更多智慧与经验。

作者:张健荣

参考文献:

[1] 丁俊:《圣训学泰斗布哈里及其〈圣训实录〉》,《西北民族研究》1995年第2期,第166—178页。

[2] 丁俊:《伊斯兰文化的重要文献——〈布哈里圣训实录全集〉》。

[3] 周顺贤:《圣训学家布哈里》,《阿拉伯世界》1985年第3期,第76—78,64页。

[4] 马雪平主讲、光远笔记:"伊斯兰历代名人学者介绍系列"《伊玛目布哈里:为圣训而生的圣训学家》。

[5] 祁学义:《圣训研究》,宗教文化出版社,2010年版,第280页。

[6] 赵国军、马桂芬:《〈圣训〉在我国的流传及汉文译本》,《青海社会科学》2007年第3期,第162—166页。

[7] 马景:《20世纪以来"圣训"在我国的汉译本综述》,《北方民族大学学报》2006年第1期,第23—28页。

中世纪杰出的哲学家和医学家

—— 伊本·森纳

中世纪杰出的哲学家和医学家——伊本·森纳

公元997年,萨曼王朝国王曼苏尔身患重病,在其他医生都一筹莫展的时候,一名17岁的少年挺身而出,妙手回春,医好了国王的病。面对国王的重赏,小神医只提出了一个要求:允许他自由地出入国王的图书馆。因为在他看来,图书馆中那些落满尘埃的古书,要比黄金、钻石更具光泽。这名小神医就是中世纪杰出的哲学家和医学家——伊本·森纳。

伊本·森纳(Ibn-Sīna,980—1037年),拉丁名阿维森纳,全名是艾卜·阿里·胡赛云·伊本·阿不都拉·伊本·森纳。他出生在现乌兹别克斯坦的布哈拉城附近。伊本·森纳青年时曾任宫廷御医;20岁时,因王朝覆灭而迁居花剌子模;11年后,因政治原因逃至伊朗。他博学多才,有多方面的成就。医学上,他丰富了内科知识,重视解剖,所著的《医典》是17世纪以前亚欧广大地区的主要医学教科书和参考书。哲学上,他是阿拉伯亚里士多德学派的主要代表之一,持二元论,并创造了自己的学说。他肯定物质世界是永恒的、不可创造的,同时又承认真主是永恒的。他主张灵魂不灭也不轮回,反对死者复活之说。主要哲学著作有《治疗论》《知识论》等。

01

平凡而艰辛的一生

(1) 早年岁月 (980—998年)

伊本·森纳，980年（伊斯兰历370年）出生在今天的乌兹别克斯坦境内布哈拉附近的一个小村庄里。当时，波斯萨曼王朝统治着这片土地，伊本·森纳的父亲在此处担任地方行政长官。985年，伊本·森纳全家迁往布哈拉市区。那时的布哈拉，文人聚居，学院林立，文化氛围极其活跃，为幼年的伊本·森纳提供了良好的教育环境。哲学家那泰利、医学家阿布·曼苏尔·霍姆里、阿布·萨赫里·马西里等名流都是他的启蒙老师。由于父亲的特权，伊本·森纳可以自由出入布哈拉的所有图书馆和经学院。优质的教育资源，加上他本人勤恳，伊本·森纳掌握了包括波斯语、阿拉伯语、希腊语和拉丁语在内的多种语言，并熟读西方世界古代哲学和科学典籍。因在17岁时为萨曼王朝国王曼苏尔治病，伊本·森纳一举成名，还不到18岁，就以医生的身份开始工作。父亲去世后，21岁伊本·森纳接替父亲担任地方长官，但也坚持随时免费为人治病。他的病人有波斯各地官员，也有街头浪人行僧。他观察各种疾病症状，观察各种医治手段和药物在不同病人身体上的反应，以积累从医经验。

（2）流亡生涯（999—1023 年）

999 年，突厥人占领了布哈拉，俘虏了国王马利克二世，推翻了波斯萨曼王朝，建立了喀哈拉汗国（也译作黑汗汗国）。伊本·森纳意识到改朝换代后自己将职位难保，于是离开故乡西去，1005 年到达花剌子模的玉龙杰赤（现土库曼斯坦境内的库尼亚－乌尔根奇），在花剌子模统治者阿布·哈桑·阿里·马蒙帐下就职。1012 年，也是出于政治的原因，伊本·森纳离开玉龙杰赤南下，经过数个小城并做短暂停留，最后来到呼罗珊的古尔干（现伊朗古利斯坦省府），投奔他早年行医时结识的呼罗珊埃米尔哈布斯·福森吉尔。不巧的是，他到达古尔干时，福森吉尔已去世多日。虽然其子、新任埃米尔哈布斯·马努赛尔也待他不薄，但伊本·森纳并没有多待，不到两年就离开了古尔干。1014 年，他继续西行，来到雷伊，进入卜一德·罗斯坦的宫廷。雷伊的实际统治者——罗斯坦的母亲萨伊妲，对科学抱有成见，自然不会诚心对待这位远道而来的医者。1015 年 4 月，雷伊宫廷里爆发兄弟相残的内乱，伊本·森纳匆忙离去。经过加兹温（现伊朗加兹温省）时，伊本·森纳收到哈马丹（现伊朗哈马丹省府）埃米尔沙姆斯·达夫拉因病求助的信，便就势来到这座颇有文化底蕴的城市。他的盛名让他再次被任命，担任了哈马丹的内务大臣，直到1021年沙姆斯过世。后来新任埃米尔萨玛·达夫拉希望伊本·森纳继续为朝廷服务，但据当时人的记载，"伊本·森纳认为在同一个国度、干同一个差事不符合他的天性，而且，在国家易主的当头，最上策就是找借口远走高飞"。他私下与伊斯法罕埃米尔加库伊德·达夫拉通信，表示有意投奔这位占据当时伊斯兰文化中心的统治者，这事被哈马丹朝廷里的库尔德人大臣泰吉·穆立克发觉。伊本·森纳被指控犯有叛国罪，逮捕后被关押在哈马丹郊区的一座城堡里。四个月后，伊斯法罕埃米尔加库伊德举兵攻陷哈马丹，结束了萨玛的统治，伊本·森纳获救后立刻前往伊斯法罕。

（3）隐形学者（1024—1037年）

尽管伊斯法罕的埃米尔加库伊德热情接待了伊本·森纳，并将他尊为座上宾，后来又任命他为军机大臣，但当权者并不理解学者。加库伊德每次征战，伊本·森纳都必须随往。1037年，伊本·森纳随同征战时死于疾病，被草草葬于哈马丹。在伊斯法罕的这13年中，伊本·森纳的大部分时间花在了研究与著述上，在公共事务中一直保持低调。或许几十年的流亡、寄人篱下的生活让这位精神远超时代的哲人看透了一切，他写作并非像现代意义上的学者那样，有所思考而必须达于世人。相反，埋头于纸墨只是他力图远离世人而做的一种努力。

后世对于伊本·森纳的了解大多原于他的作品,对他的性格、私生活知之甚少。或者说,伊本·森纳于世人就是一种精神的存在。所以,介绍伊本·森纳,不能不着眼于他的精神生活,即他在哲学、心理学、科学、医学等他所擅长的领域里为后人留下的巨大财富。

02
伊本·森纳的逻辑学

伊本·森纳逻辑学方面的著述大都流传至今。著述中除了两部用波斯语,其他都是用阿拉伯语写成的。其中,《治疗论》是伊本·森纳最主要的哲学著作,这里的"治疗",指的是灵魂治愈,即精神提升。该书第一章由九节组成,专论逻辑学。第一节为引子,后八节对应亚里士多德的《逻辑》,统称"科学之工具"。除此书之外,伊本·森纳的其他作品也有部分章节介绍亚里士多德的逻辑学。他的最后一本书是他自己对逻辑学的哲学总结,也是最重要的一本书。

伊本·森纳认为逻辑学是一种具备多种功能的工具。"我首先要对逻辑学这门艺术做一番详细的描述,因为它是一件至关重要的工具。掌握了这件工具，我们才可以避免在思考和判断上犯错误；掌握了这件工具，我们才会拥有真正的信仰，才会明白信仰合理的缘由和正确的方法。"所谓正确的方法，是指对某一概念进行正确的定义，在此定义的基础上进行合理的推论，最后得出正确的命题。定义正确，才能有可靠的概念。方法无误，才能保证从已知到未知的推论判断无误。明确概念的，可能是本质定义，可能是描述定义。明确判断的，可能是推论（归纳），可能是类比。在这两者之中，描述定义和类比既可以证明正确，也可以证明错误。这些方法不仅适用于科学研究、理论分析，也适用于"灵魂拯救"。伊本·桑纳认为，"灵魂之纯洁性来自对纯粹形式的思考和对世俗诱惑的抵制。要做到这两点，就必须依赖科学。不能用逻辑来检验的科学便不是科学"。所以，无论从事何种职业，理论的还是实践的，掌握逻辑学是前提条件。

在逻辑与哲学关系问题上，伊本·森纳的"折中"思想对后世影响深远。对于古代"逻辑学是哲学的一部分"和"逻辑学是哲学的工具"两种意见，伊本·森纳表示两者并不矛盾，之所以有此争论，原因在于古人对"哲学"一词的理解有分歧。首先，他认为这种争论既无义又无用，逻辑所研究的课题是第二概念，第一概念依赖于可感知的物质世界，或者说与物质世界关系密切，而第二概念则远离可感知的形态，或者说远离具体的物质。第二概念虽然依赖第一概念，但毕竟是一种提炼升华，内容已大不一样。第一概念与第二概念的区分在早期阿拉伯哲学家的著述中已提及，最著名的当属出生于现哈萨克斯坦的法拉比，但伊本·森纳将其系统化，所以西方世界历来认为伊本·森纳为这一理论的首创者。现代逻辑学和语言学中的"语言"（language）和"元语言"（metalanguage）之分，其实就来自伊本·森纳的第一概念和第二概念的区分。第二概念，或者元语言，伊本·森纳认为其"具备意识存在，但与物质无关，或者说只与非物体的物质有关"。第一概念，或者语言，因为是物质形态的个体描述，所以不属于逻辑学范畴。

其次，伊本·森纳的第一概念和第二概念理论是对亚里士多德的"语言、言语、思维"三分法的延伸和发展。他在《事物、概念、言语、语言的关系》一节中，将亚里士多德的三分法发展成四分法，即将事物也纳入其中。"人类天生具备将外在物质印入大脑的特性。这种印象即使在人看不见物质本身的时候也依然藏在思想中，这就是（人类思维的）抽象阶段。如此，事物都具备两种存在形态：外在存在和思维存在。由于交流的需要，产生了第三维存在，即言语存在。再后来，由于传播的需求，产生了第四维存在，即语言存在。"第三维存在和它与第二维存在之间的关系，是中世纪阿拉伯和拉丁哲学家研究的主要课题。但是，伊本·森纳却持异于其他哲学家的观点。他认为言语和语言都不应该是逻辑学的研究范畴。"逻辑学家只是在非常偶尔的情况下才可能与言语有关,主要指这些言语直接指向概念本身的时候。概念本身才是逻辑学研究的真正对象。""逻辑学家只有在谈及逻辑问题的时候,或者是在向别人表述这些问题的时候,才会涉及言语。逻辑与言语本身无关,因为言语只是一种工具,它在理论上完全可以被另一种工具所取代。"伊本·森纳批评了包括法拉比在内的一批哲学大师,因为这些人都认为语言/言语是逻辑学的基本组成部分。

但是,伊本·森纳又说:"言语有不同形态,正因为如此,与其相关的概念也有不同形态,从而获得在言语之外依然存在的合理性。"很明显,他认为第二概念(逻辑学理所当然的研究范畴)不仅反映在语言上,而且由语言引发。这一貌似矛盾的说法其实揭示出伊本·森纳更为突出的现代性,即20世纪美国语言哲学家乔姆斯基提出的"普遍语言"(universal language/grammar)。他认为,语言具备普遍性,这种普遍性不局限于任何一种语言,而为所有语言所共享。逻辑学家所关注的就是这种普遍语言。遗憾的是,伊本·森纳并未在此问题上做深入探讨。即使如此,他的前瞻性也是不容忽视的。

03

伊本·森纳的形而上学

在世界哲学史上，伊本·森纳的形而上学体系是最全面，也是最细致的。虽然他的理论构件，即概念体系，大体上沿用亚里士多德和新柏拉图主义，但其最终结构绝对不是亚里士多德或者新柏拉图主义概念的堆砌。他在他的哲学巨著《治疗论》的引子暗示了这一点："古人书中所说的，我在这本书里都说到了。如果在某个本应该在的章节里，您没有找到某一个问题，那是因为我觉得放在另一章节更为合适。在这些内容里，我加入了经过我自己深思熟虑后所获得的思想，尤其是在物理学、形而上学和逻辑学等几个方面。"他所说的"深思熟虑后所获得的思想"，主要是指通过对古希腊哲学的批判、选择和提炼，从而建构起的一种全新的世界观。尤其是他的演绎法，直接指向了 17 世纪欧洲理性主义哲学，为理性主义哲学提供了有力的工具。同时，伊本·森纳的形而上学是中世纪伊斯兰教哲学的组成部分，代表着亚里士多德和新柏拉图主义伊斯兰文化的最高境界，也是古希腊哲学与伊斯兰神学融会贯通的最高水平。

对伊本·森纳哲学思想影响最大的伊斯兰哲学家是法拉比。法拉比对亚里士多德所有作品的注释是幼年伊本·森纳得到的最初学习资料，法拉比对新柏拉图主义哲学的发散式诠释极大地影响了伊本·森纳。但是，伊本·森纳对于法拉比希腊哲学框架的修正却是革命性的。在"生命来自神"这一命题上，伊本·森纳的哲学思考可以说史无前例，他将神与生命的关系处理成本质与存在的关系。伊本·森纳的国家理论也源于法拉比的政治哲学，却更具形而上学属性。有一点，伊本·森纳与法拉比是一致的，那就是，哲学探索的终极目标是人类灵魂的完善和此世与来世的极乐。

对于前辈伊斯兰神学家关于创世的理论，伊本·森纳持有一种批评的见解，这是以往西方和中亚、西亚历史学家所没有的。犹太教、基督教和伊斯兰教神学家都认为，神从"无"创造了"有"，而伊本·森纳则从古希腊哲学理论出发，阐述了"无"所具备的"有"的本质。在其他场合，他也从未直面讨论"创世"和"复活"等宗教命题。

古代神学家和哲学家在讨论问题时，大都运用演绎和综合的方法，但伊本·森纳却反其道而行之，他偏好分析，综合仅作为补充手段。现代人对此习以为常，但在第一原理，即神占主导地位的中世纪，这种极其理性的推理方法具有极大的挑战性。他揭示出一条在旁人看来是异端的见解,即"至少在理论上,人的思维或直觉或自然地具备掌握现实基本结构的能力"。从这一点出发,伊本·森纳的理性哲学的特点体现在:一、人类知识的对象是什么;二、获取此知识的手段又是什么。他认为,一切存在,或者说神本身,其基本原理是纯粹知性,人类知识的最高目标(对象)也就是知性。其他存在物,不管是思维的、灵魂的,还是物质的,都毫无例外地来自这种知性,这也就是神学家所说的神。这些存在物之间有一种秩序井然的因果链,可以互相推论。知识就是人脑对这些存在物之间的因果链的感知,所以是概念性的、智能性的。这些可感知的存在有一类是可自证的真理,人类可以从神、或者说主动知性那里直接获取。所谓"直接获取",伊本·森纳的意思是,这种获取不需要对外在世界的观察,也不需要与此观察相关的思维活动。另一类可感知的存在,他称其为二级存在,相对就复杂多了,需要另一种感知手段,不仅需要可自证的真理,还需要对外在世界通过感觉、想象等层面的思维活动进行观察。但是,他又说,仅仅凭借观察和与其伴随的思维本身并不能获得二级感知,需要从主动知性(即神)那里首先得到灵魂层面的准备,为获取二级感知提供必要的条件。能做到这一点的,就只有圣贤。总之,人类知识的终极目标便是从理性原则,或者说主动知性,也可以说是神那里获取可感知的存在。同时，形而上知识的最高境界，是可以通过理性思维，在独立于对外在世界的感知的情况下达到的。

西方哲学家早就认识到伊本·森纳的理性主义与17世纪欧洲哲学之间的传承关系，尤其是伊本·森纳的"人类终极悬浮"假设与笛卡尔的"我思故我在"直接相关。按照伊本·森纳的理性原则，可以假设人的出生是突发性的，而人的成长则是永恒的，换句话说，即使在出生之前，个体的人就已经在这个宇宙间"悬浮"，而且意识到自己的个体存在，只是他还没有意识到自己的物质属性。笛卡尔的"我思故我在"也是建立在这样一种假设之上的。从宗教层面，他们都是在不否定上帝的前提下，承认了人的理性和人类思维的主动性。

伊本·森纳形而上学的亚里士多德属性，可以从他对形而上学与其他两门理论学科（物理和数学）的分界的阐述中看出来。他说，形而上的研究可以与物质的具体形态分开，而仅仅存在于物质内部诸因素之间的因果关系。物理和数学的研究对象始终与物质（或者运动）相关，虽然方式不同。物理不仅与物质相关，更与物质的具体形态相关。数学的研究对象虽然也是物质，但不包括物质的具体形态，例如，"三角形""四边形"虽然与思维之外的某种物体有关，但绝不是某个三角形的东西、某个四边形的东西。也就是说，数学是抽象的，数学家不必去考虑或观察外在世界的具体物体。研究数学或许会借助外在世界的物质，但并不包括物质的具体形态。研究数字更是如此，"一加一等于二"，并不是说某一种物质加另一种物质等于两个物质。数学家说"一"，就是"一"本身，而不是"一个东西"。与物理和数学都不同，形而上学与物质没有关系，与物质的具体形态就更加没有关系了。它是纯粹非物质的，如"神""思想"。伊本·森纳又以"因果"为例，物理学研究某一物体与另一物体之间的因果，而形而上学则研究因果本身。

换言之，物理和数学虽然不同，但都是研究"存在物"，而形而上学则只关心"存在"。在此基础上，伊本·森纳的形而上学探索的终极便是本质与存在，这也是他为后世欧洲哲学家所推崇的地方。本质与存在的分界适用于所有存在物，不管是现实存在物，还是潜在存在物。本质可以存在于外在世界，也可以存在于思维概念。但是本质本身与这两种存在并不相关，本质甚至不包括"存在"这个概念。反过来说，存在并不能界定本质，本质也不具备诸如个体、整体、特殊性、普遍性等属性。

伊本·森纳的形而上学思想对欧洲哲学的影响是巨大的。虽然从主观上讲，伊本·森纳的哲学依然属于神学研究的范畴，但对于中世纪哲学从神学中脱离出来起到了根本性的推动作用。虽然他的"本质"还是神，但他对神的这种研究态度，尤其是方法，则是他同时代的欧洲所不具备的。所以，他的思想传到欧洲后，对中世纪后期和近代欧洲神学、哲学的发展产生了重要作用。

04 伊本·森纳的心理学

伊本·森纳的心理学，即他自己所说的关于灵魂的学说，也是基于亚里士多德的理论，并建立在新柏拉图主义的框架之上。亚里士多德说，灵魂是一个有组织的自然身体形态或实体，伊本·森纳则援引亚里士多德曾经使用过的一个比喻来解释灵魂，他说灵魂是一个实体，正如舵手是一艘船的实体。灵魂具备自主存在性，即使没有肉体，它也依然存在。就像一名舵手，他具备了驾驶船只的本领，即使没有船，他的本领依然存在，他作为个体依然存在。在中世纪的亚洲和欧洲，也流行过"悬浮人"的比喻，伊本·森纳也通过这个比喻来解释他的灵魂理论。他说，想象一个悬浮在真空中的人，没有空气支撑，他身体的各个部件、器官均各自独立，互不接触，但应有尽有，一件不少。这个悬浮人与外界没有任何接触，自然也对外界没有意识，但对自身的存在却毫无疑问。他可以说："我存在。"这种独立于肉体的自我存在意识就是灵魂作为纯粹精神存在的基础。伊本·森纳的这种灵魂存在"证明"与17世纪的笛卡尔完全一致。

灵魂作为认识论的主体，其对象就是知识。伊本·森纳对于知识的解释，尤其是感觉——知觉、想象、知能等，也是来自亚里士多德。他认为，第一步，知识来自抽象。例如，在感觉和知觉的关系上，他提出，人们所感觉到的物体的物质部分不复存在后，留在知觉里的是这个物体的形态。第二步是想象，因为想象可以在没有物质的状态下保存事物的形象。虽然知觉还不能完全独立于物质，但想象可以完全脱离物体。第三步就是概念，它具有普遍性，而且与事物的具体形态没有任何关系。伊本·森纳将外在的五官，即视觉、听觉、触觉、味觉和嗅觉，延伸到认识的内在层面，第一个内在感官被他称作普遍感官，就是将从外在感官所获得的信息与物体联系起来的功能。第二个内在感官被他称作记忆形象，即在物体被移除之后，其形象依然被保存下来的功能。第三个内在感官，是作为动词的想象，即把第二阶段所获得的形象进行有机的关联和分解。有了这一步，就会有"金山"的概念，即把金子的概念和山的概念关联起来，形成一个现实生活中不存在的此物体的概念。这种"金山"的概念形成并不是基于理性活动，但在理性思维中却发挥着重要的作用。第四个内在感官应该是伊本·森纳自己的发明，因为在之前的希腊、基督教、伊斯兰教哲学中都找不到源头。他称之为评估。羊看见狼，会被吓得逃跑。羊的外在感官只能感觉到狼的外在形态，而狼的危险性只能通过这个被他称作评估的内在感官传达给羊。第五个内在感官是在第四个内在感官的基础上延伸出来的，它的功能在于将第四内在感官获得的评估内容所隐含的"意义"保存起来，所以他称之为储存。

伊本·森纳将知性活动分为主动知性和被动知性，这一点也是亚里士多德思想的延伸。人类的知性最初是隐性的、潜在的，随后由于知觉功能，尤其是想象的参与，而渐渐获得显性。想象将储存在思维中的形象进行比较、比对，从而从个体、具体中获得普遍。这个从个体到普遍的转换、提炼过程，是主动知性对人的大脑的作用。伊本·森纳区别于亚里士多德之处在于，他认为这种主动知性对大脑的作用是神所管辖的十大智能中最低级的一个层次。他说，真正的普遍性不是来自形象，而是经过对形象的比较、比对，与大脑中所储存的意义合并，主动知性才能够形成普遍性。在这一点上，伊本·森纳认为人的大脑储存的仅是事物的具体形态和意义，而非普遍和抽象。人脑若要提炼普遍，则需重新确立与主动知性的联系，从而重新得到可感知的形象。人脑的每次类似活动都是这一步骤的一次又一次的反复。他还说，人脑一旦取得与主动知性的联系，就会得到一种他称之为"简单知识"的力量，说简单，是因为不需要太复杂的过程。例如，有人问你一个你从来没有想到过或者没有仔细思索过的问题，但你肯定依然能够回答。这种能力就是简单知识。但同时，你开始回答这个问题的时候，你会意识到你采用某种不同的回答方式。这第一种知识——简单知识，是天生具备的，或者说就是来自神，而第二种知识则是一种来自推论的知识，他称之为心理知识。伊本·森纳对简单知识和心理知识的区分，对伊斯兰教神秘主义的发展产生了很大的影响。

古代几大宗教都有灵魂迁移之说，即灵魂可以在不同肉体之间"走动"。伊本·森纳从心理学角度对其进行了彻底否定。他说，灵魂与肉体直接关联，而且有一定时间的经验性联系，从而使灵魂具备永恒个体性。这种永恒个体性决定了灵魂不可能随意进入另一个肉体。伴随着一个肉体的诞生，一个灵魂就因与之进行联系而开始存在，灵魂与肉体之间有一种相互的可接受性，这就排除了一个灵魂进入另一个肉体（或人或其他动物）的可能性。这个肉体一旦死亡，与它构成关系的那个灵魂就独立存在，由于其已有的知性，它不会也没必要寻求和依附另一个物质形态。这些脱离肉体的灵魂存在于一个独立的、可以被称作天堂的空间。伊本·森纳的这一观点也直接影响到伊斯兰教教义,从而使它与远古宗教,如琐罗亚斯德教、犹太教、佛教等区别开来。

伊本·森纳进一步发展了古希腊已有、且经过法拉比发展的先知理论。他说,先知具备三个层次:知性、想象和现实。通过知性,先知接收到神的启示。通过想象,先知将其表述为具象性的符号,即语言或文字,如《古兰经》。通过现实,先知将神的启示表现为神迹或者国家、法律等世俗形态。他从心理学角度讲述先知,很显然是有一定的现实目的的。

伊本·森纳的巨著——《医典》

伊本·森纳最为人称道的,还是他在医学方面的成就。他撰写的《医典》一书完成于1025年,完成后立刻成了中世纪欧洲和整个伊斯兰世界的医学规范。在伊本·森纳之前,最伟大的医学家当推公元前5至公元前4世纪希腊的希波克拉底和公元2世纪罗马的盖伦。伊本·森纳把他们两人的医学论著与亚里士多德的自然哲学(即科学)结合起来,从而使之变成一个完全理性化的科学系统。《医典》由五大部分构成：第一部分总体阐述医学和病理学的基本原理，解剖学、养生学和治疗等方面的基本规则；第二部分详细论述医学中的具体物质及其属性；第三部分分述与身体具体部位有关的病症的诊断和治疗；第四部分探讨涉及身体诸多部位或整个身体的病症的诊断与治疗；第五部分论述诊疗方法及配方。

在第一部分，伊本·森纳首先论述什么是医学。他说，医学是一门研究人体各个状态的学问：健康时是什么状态，不健康时又是什么状态，什么情况下健康状态可能消失，一旦消失，用什么方法可以使之恢复。换句话说，医学就是保证健康和恢复健康的一种艺术。要保证健康，就必须明白健康需要什么条件，要恢复健康，就必须明白健康为什么会消失。随后，他把理论医学和实践医学区分开来。在理论上，疾病有四大原因。一为物质原因，即人体本身。二为动力因，又细分为二：外在动力因，即人体以外的诸如空气、环境等原因；内在动力因，如睡眠、习惯、人种等原因。三为形式原因，即个体体质构成诸因素。四为终末原因，即人体行为和内脏功能等因素。

伊本·森纳在这一部分中所阐述的宇宙元素论（四行论）被欧洲医学界认为是整部书的基础。科学所讨论的自然界四大元素也是人体运行中的四大元素，而且这四者之间并不是泾渭分明的，常常是你中有我，我中有你。土、水为重元素，火、气为轻元素。土是第一元素,因为它直接与人生活的地球有关,属静态,性阴冷、干燥。水为第二元素,居土之外,又因为其密度较高而弱于气,性阴冷、湿润。气为第三元素,居于水之上,火之下,性湿热。火为第四元素,高居其他四大元素之上,"直逼天庭",性干热,可穿越气,震慑水、土,故有中和各大元素之功。

四大元素之间的相互作用,干、湿、冷、热之间的冲突与平衡,被伊本·森纳称为气质。气质不仅影响身体状况,也与人的脾气、情绪、思维、道德、运动、梦境等有关。干与湿、热与冷在人体各个部位都有不同显现,只有达到平衡,人体才能正常运行。如心属热,脑属冷,心、脑平衡则属理想境界。他还认为不同种族的人气质不同,如印度人性热而斯拉夫人性冷。即使同一个种族的人,甚至生活在同一个环境中的人,也有可能气质不同或相反。太阳的位置、气候、天气、人的肤色等都可能影响气质。对个体而言,一个人的手,尤其是手心和食指指尖这些对温度比较敏感的部位尤其能够影响人的气质。冷和热,并非指环境的绝对温度,而是指人体敏感部位相对于环境的冷热度。疾病的产生就是因四元素的不平衡。它分为简单不平衡和复合不平衡两大类。顾名思义,简单不平衡,即某一元素"超标";复合不平衡,即或太热太干、或太热太湿、或太冷太干、或太冷太湿四大类。

四大元素、气质都与人体部位息息相关，而且每个部位的热冷干湿都有一定的指标。伊本·森纳以"性热"为指标将人体部位从热到冷列为：一为呼吸（及呼吸之源心脏），二为血液，三为肝（可视为凝固的血液），四为表肌，五为肌块，六为脾，七为肾，八为动脉，九为静脉，十为手掌、脚掌皮肤。"性冷"部位从冷到热列为：一为浆体液，二为毛发，三为骨头，四为软骨，五为韧带，六为筋腱，七为膜，八为神经，九为脊椎，十为脑，十一为脂肪，十二为体油，十三为皮肤。以"性湿"为指标，从湿到干列为：一为浆体液，二为血液，三为体油，四为脂肪，五为脑，六为脊椎，七为乳房和睾丸，八为肺，九为肝，十为脾，十一为肾，十二为肌块，十三为皮肤。以"性干"为指标，从干到湿列为：一为毛发，二为骨头，三为软骨，四为韧带，五为筋腱，六为膜，七为动脉，八为静脉，九为运动神经，十为心脏，十一为感觉神经，十二为皮肤。如此详尽的研究的确为伊本·森纳首创。

伊本·森纳还把希波克拉底的四体液说与人体各部位的气质联系起来，为通过调节体液来医治各部位的疾病提供了证据，这也为后来的医学家所推崇、推广。

古代科学家在心脏和大脑孰为精神中枢方面争论不休。伊本·森纳对此采取了折中的说法。他把生命分为3个层次：植物性生命、动物性生命、人性生命。在此基础上，他将古罗马盖伦的"大脑为知性生命之中枢"的说法与亚里士多德的"心脏为身体诸功能之源泉"的说法进行对比，得出这样的结论：医生如果对人体的物质属性进行仔细研究，就会同意亚里士多德"心脏为身体诸功能之源泉"的见解，尽管大脑的确是理性活动的重要器官。伊本·森纳这一折中说法受到后世科学家的质疑，但现代生物学的最新发展似乎又能证明他的合理性。有人提出，人类思维不仅仅局限在大脑里面，心脏也不只是一个"血泵"，但光靠解剖并不能彻底搞清楚人体这个复杂的结构的。只能等日后的进一步研究来证明谁是谁非了。

伊本·森纳在《医典》中列出了800多种单质药物和650种复方药物，包括草药、矿物质药物、动物器官等，从药物名称、采摘加工工序、药性等方面一一说明，可以说是当时世界最全面的药物百科全书了。《医典》还详细讲述了包括按摩、推拿在内的22条治疗方法，并配有示意图，使学者可以很快掌握。伊本·森纳发明的新药试验七原则，在很长时期内都是欧洲医学界的指导性原则。这七原则如下：一是药物必须排除任何后来获得的属性，具体说，就是不能因为加热、制冷或与其他物质一起存放而改变药性。二是新药实验只能在单一的条件下进行，不能同时处于几种条件中。例如，如果要在某个病人身上试验一种药物，该病人只能患有具有针对性的一种疾病，而不能同时患有多种疾病。三是药物必须在两种相反的条件下同时试验。四是药物的属性必须与疾病的严重程度匹配。具体说就是剂量从小到大逐步试验，直至完全明确正确的剂量。五是必须考虑药物发挥效力的时间。如果服用后疾病立刻好转，就说明此药对症。六是药物的疗效必须在所有或者大多数不同病人身上起到相同的作用。如果不能，即使在某一位病人身上有效，也只能认定是巧合。七是试验必须在人身上进行，而不能使用动物。因为动物和人对于同一种药物可能具有不同的反应。

《医典》完成后不久，克雷莫纳的杰拉德就将其翻译成拉丁文。作者的名字也被拉丁化为阿维森纳。由于它的百科全书性质、高度系统的逻辑性，尤其是伊本·森纳将盖伦的医学理论与亚里士多德的科学理念完美地结合了起来，《医典》很快在欧洲风行。从14世纪开始，欧洲各大学将其列为教科书。尽管16世纪欧洲文艺复兴盛期，人们的眼光开始投向了希腊和罗马，但伊本·森纳的《医典》在许多方面依然起着无可替代的作用。科学史家威廉·奥斯勒评价该书是自古至今最伟大的医学宝典，并将它誉为"医学《圣经》"。时至今日，《医典》依然是世界各大医学院学生必读的参考书。

结束语

伊本·森纳的成就不止这些。他在数学、物理学、生物学、音乐学等领域的贡献也是极其伟大的。在伊斯兰教神学上，他曾努力将亚里士多德的理性主义引入当时颇为流行的苏菲神秘主义，但并未如愿。因为神秘主义思潮更加符合宗教心理，而理性主义是朝启蒙和科学方向发展的，所以他的努力从本质上说与宗教背道而驰。但是，作为一名虔诚的穆斯林，伊本·森纳的初衷无疑是非常真诚的，而且也是极其宝贵的。

关于伊本·森纳的民族属性，说法颇多。目前基本可以肯定，他是波斯人。他生活的年代，布哈拉受波斯萨曼王朝统治，999年萨曼王朝被突厥人建立的喀哈拉汗国取代。经过多个世纪的风云变幻，原来萨曼王朝属民的后代成为现塔吉克民族的主体。所以，现在至少有三个国家，如伊朗、塔吉克斯坦和乌兹别克斯坦，称伊本·森纳为自己国家或民族的伟人。而布哈拉也成为乌兹别克斯坦共和国的第三大城市，因为其特殊的历史地位，被联合国教科文组织列为世界文化遗产，也是现在重要的旅游景点。

1980年,联合国教科文组织为纪念伊本·森纳诞辰1000周年,举行了世界范围的庆祝及学术活动,以表彰他在科学,尤其是医学上无与伦比的贡献。

作者:脱剑鸣,兰州大学外国语学院副教授

参考文献:

[1] Al-Juzjani: *The life of Ibn Sina*,美国纽约州立大学出版社,1974年。

[2] 《阿维森纳医典》,朱明译,人民卫生出版社,2010年6月第1版。

[3] 赛义德·侯赛因·纳塞尔:《穆斯林三贤哲》,商务印书馆,2017年11月第1版。

百科全书式的中亚学者

——比鲁尼

比鲁尼（973—1048年），其全名艾布·莱哈尼·穆罕默德·本·艾哈迈德·比鲁尼（Abu Reikhan Muhammad ibn Ahmed al-Biruni），中亚著名科学家、史学家、哲学家。他博览群书，广交学者，学识渊博，富有创造性，对史学、地理、天文、数学和医学均有很深的造诣，在科学文化史上享有崇高的声誉，被后人誉为"百科全书式的学者"。

01

游学生涯

973年9月5日，比鲁尼出生在花剌子模古国的恰特古城（今属乌兹别克斯坦的卡拉卡尔帕克斯坦共和国）。据传他出身于一个伊朗贵族后裔家庭，信奉伊斯兰教什叶派教义。由于没有找到比鲁尼详细身世的任何相关史料记载，因此后人产生了许多猜测与推断。

第一种说法认为，比鲁尼是一名孤儿，因为比鲁尼生前曾说，他根本不清楚其父亲和祖父究竟是谁。第二种说法认为，比鲁尼出身贫寒，从其姓氏可以看出他是来自恰特城外，而当时那里主要是手工业者的聚集地，是社会平民阶层。第三种说法认为，比鲁尼与当时的统治者沾亲带故，因为他从小就进学堂，在当时只有贵族才有这等权利，并且他与当时著名数学家和天文学家伊本·伊拉克关系如同教父与教子，而伊本·伊拉克则是当时王朝苏丹的直属亲戚。比鲁尼是否从小被伊本·伊拉克家族收养目前无法得知，但比鲁尼在其后来的著述中提到，他小时候到过许多大户人家，包括阿拉伯和波斯家庭。面对陌生的语言环境，他总是难以适应。一些史料记载，比鲁尼从小在学堂学习数学和天文学知识，并接触了各种语言，他一生中掌握了9种不同的语言，有阿拉伯语、波斯语、突厥语、希伯来语、叙利亚语、希腊语、拉丁语和梵语等。在人们看来，他这种天分似乎与其人生经历有关，但不可否认，这也是他后天勤奋好学的结果。

比鲁尼17岁时就已经涉足学术界，与一些著名学者建立了联系。比如，他与著名天文学家和数学家艾布·纳斯尔·曼苏尔建立了师生友谊，一起参与了对恰特古城地理纬度的测量计算，并在此基础上写成了"制图学"方面的研究论文。之后他陆续发表了其他学科的研究论文，获得恩师的肯定与赞赏。后来，他借助星盘工具对太阳正午高度进行观察测量，得出相对科学的数据。

年轻时的比鲁尼一直有着强烈的求知欲望。刚满20岁时，他便离家远行，寻求广阔的知识天地。在离家求学的3年中，他几乎走遍了整个波斯，拜访过很多学者，接触和学习到了很多科目的知识，扩大了他的学术视野。出于对天文学的特别爱好，他曾独自一人制造出一个直径达 5 米的地球仪，引起了许多天文学家的关注。

10 世纪末 11 世纪初的中亚地区正处在封建农奴体制的形成与发展时期，社会相对动荡，充满了各种宫廷争斗与流血战争。995 年，玉龙杰赤（今土库曼斯坦的库尼亚 – 乌尔根奇）统治者阿布·阿里·马蒙崛起，通过数次战争，最后占领了花剌子模首都恰特古城。花剌子模马蒙王朝（995—1017 年）诞生，建都于玉龙杰赤。作为前朝宫廷学者，比鲁尼深知自己面临的可怕处境，于是他背起了行囊，告别故乡，开始了人生的漂泊。他先是到了雷伊。据比鲁尼生前留下的日志记载，初到雷伊时，他住在如今的德黑兰城郊外的一片废墟之中，饥寒交迫，生活条件十分艰苦。庆幸的是，他结识了当时正居住在雷伊的著名数学家和天文学家艾布·马赫穆德·胡占德。胡占德在雷伊建造了一座当时最大的天文仪——墙壁六分仪。比鲁尼在他后来的研究报告中指出，胡占德的六分仪没有关注重量问题，导致其测算结果不精确。

02

在宫中的岁月

在胡占德的引荐下,比鲁尼进入萨曼王朝(875—999年)布哈拉统治者伊本·努赫·曼苏尔的宫内做事,并与当时的神医伊本·森纳成了志同道合的好朋友。

998年,比鲁尼又在戈尔甘(今伊朗北部的格勒斯坦省)安顿下来,在当时塔巴里斯坦(今伊朗境内、里海南岸)齐亚尔王朝统治者阿尔·马阿里·卡布斯手下工作。在这里他与其启蒙老师艾布·纳斯尔·曼苏尔再次相聚,并一起开展研究。他潜心从事东方各国历史的研究和著述,约于1000年完成了第一部传世之作——《东方民族编年史》(又译《古代诸国纪年》),这部著作充分显示了他广博的知识和新颖的见解,在学界产生了很大影响。

大约1004年,比鲁尼重新回到了花刺子模,受到朝廷的礼待。朝廷为其科学研究提供的慷慨支持,使他定下心来,安心从事天文研究。当时花刺子模的统治者马蒙家族都非常重视科学研究,宫中经常聚集着一些顶尖科学家,比鲁尼的老师艾布·纳斯尔·曼苏尔此时也在其中,双方的愉快合作一直持续到1017年。在阿布·阿巴斯·马蒙的支持下,比鲁尼建立了一个小型工作室,通过仪器来测量子午线,他在此先后作了15次日月观察,并记录了1004年6月4日发生的月食现象。在这段人生岁月中,比鲁尼还陆续完成了一些短小的作品,很遗憾是这些作品大部分没有传世,仅留下来一些球体投影平面绘图。

约1005年,比鲁尼的好友伊本·森纳辗转道来到花剌子模都城玉龙杰赤,受到了朝廷的善待。两人惺惺相惜,合作开展了科学研究,这对两人的哲学观和科学事业都产生了很大影响。

很快,比鲁尼在宫中的平静生活被花剌子模王国接连发生的宫廷内乱与外来入侵战争打破了。当时实力强大的伽色尼王朝(962—1186年)野心勃勃,一心想掠夺花剌子模王国的疆土与资源,双方为此发生了多起战争,最终花剌子模王国还是没敌过伽色尼王朝强大军队的入侵。1017年,伽色尼王朝苏丹马哈穆德一举攻下了花剌子模王国都城。

花剌子模王朝的灭亡给比鲁尼带来了人生中第一次大难——成了他国的阶下囚。他与其他学者一同被押往伽色尼王朝首府加兹尼。由于比鲁尼当时拥有的名望,伽色尼王朝的国王及大臣对他还是另眼相待,让他留在加兹尼王宫工作。但他的行动并不自由,始终处在朝廷的监视之下,这使他感到屈辱,觉得自己虽然在宫中但实际上仍是一名囚徒。而且按照苏丹命令,凡在加兹尼的居民只允许讲波斯语,这使流落异乡的比鲁尼更加苦闷。他在那里生活了13年。被囚禁宫中的13年里,比鲁尼并未自暴自弃,他尽量远离宫廷政治,埋头自己的研究工作,完成了一系列涉及天文、地理、地质等领域的研究著作。

比鲁尼接受了苏丹马哈穆德的安排与资助。虽然环境压抑,条件艰苦,但他始终没有放弃研究工作。手边没有任何观察工具,就自己动手,利用手头材料制作仪器进行天文观察。1019年4月8日,比鲁尼在喀布尔北部的拉格曼观察到了日全食现象,并把这一观察的全过程记录在册,保留至今。1019年9月17日,比鲁尼再一次观察到了月全食现象,让世人震惊的是,在月食出现那一刻,比鲁尼便测算出了恒星的确切高度。

比鲁尼的才华和博学赢得了朝廷的极大赏识,于是苏丹琢磨着要考验一下比鲁尼的聪明才智。据传说,有一天,苏丹马哈穆德当着比鲁尼的面说,他准备在王宫大厅内举行一次盛大的活动,大厅设置了四扇门,他要比鲁尼事先猜测,自己究竟会从哪扇门进入。马哈穆德原本想,如果比鲁尼没猜对,那么他在朝廷众人前将颜面无存。可是,比鲁尼对马哈穆德的性格太了解了,早已胸有成竹。他拿来一支笔,在纸条上快速写下了一行字，然后把纸条折叠起来，并要求把纸条放在苏丹马哈穆德经常坐的软枕底下。马哈穆德以让人意想不到的方式出场，他下令拆毁了大厅的部分围墙，从破口处进入了大厅。当他从软枕底下取出比鲁尼事先写好的纸条，打开一看，惊讶无比。纸条上清楚地写着"苏丹会从围墙破口处进入大厅"。恼羞成怒的马哈穆德令人把比鲁尼扔到窗外去，然而，比鲁尼早就吩咐他人在窗下准备了滑梯，他顺着窗外的滑梯毫发无损地滑到了地面。可以想象，在宫中比鲁尼与苏丹之间这种类似斗智斗勇的场景绝非一次。

苏丹马哈穆德对科学与文化的重视，使当时的首府加兹尼及其他城市聚集了一批出色的科学家与诗人，除了比鲁尼之外，还有当时有名的哲学家乌特比、作家贝哈基、历史学家加尔基齐、诗人菲尔多西等。

03 在印度的岁月

伽色尼王朝苏丹马哈穆德生前以毁灭性讨伐印度而闻名天下。1001—1026 年的 25 年中，马哈穆德先后 17 次讨伐印度，第一次入侵印度发生于 1001 年。当时与伽色尼王朝作对的是印度西北部的沙希亚王朝（今巴基斯坦境内），双方在白沙瓦（今巴基斯坦西北边境地区）展开了一场激战，沙希亚王朝军队战败，国王贾帕尔自杀身亡。马哈穆德吞并了以拉合尔为中心的旁遮普（原沙希亚王朝领土），将旁遮普归属成为穆斯林地区。随后北上联合喀剌汗朝共同消灭了花剌子模王国。去世前他向西占领莱伊（今德黑兰南部）及哈马丹，至此建立起一个自阿拔斯王朝以来版图最大的帝国。

马哈穆德在出征印度时，常让比鲁尼伴其左右，辅佐其工作，这与比鲁尼足智多谋和通晓各种语言是分不开的。随着马哈穆德军队进入印度，比鲁尼看到了另一个完全不同的文明社会。比鲁尼在印度北部生活了很长一段时间，在这里，他确定了旁遮普和克什米尔边界11个城镇的纬度，根据实地观察写下了许多流传于世的著作。在《印度志》（又译为《印度考察记》）和《印度之书》等著作里，他描述了印度的宗教和哲学、种姓制度和婚姻习俗。为了更好地解印度文化，比鲁尼还自学了印度的梵文，从而能够直接阅读印度的很多书籍，涉及地理学、语法学、数学、医学、哲学、宗教等领域。他深入研究了印度数字系统，印度地理方位、天文学、占星术和历法等，撰写了几篇有关印度数学和天文学方面的研究论文，并将几种印度梵文文学作品翻译成阿拉伯语。

苏丹马哈穆德在1030年去世，继承者是其长子马苏蒂，他是一位心胸宽容的君主，比其父亲更加善待比鲁尼。在马苏蒂执政期间，比鲁尼获得了真正的自由，他可以随心所欲地旅行，到任何一个他想去的地方进行考察。1040年，马苏蒂被人谋杀，其儿子马吾都德继任王位。此时的比鲁尼视力下降，身体每况愈下。但即使在体弱无力、视力不济情况下，他依然精神饱满，甚至在临终前还保持着清醒的头脑，与前来探望他的朋友谈论科学问题。1048年12月，比鲁尼在伽兹尼城离世。

04
科学上的成就与贡献

比鲁尼一生取得的科学成就硕果累累。他在数学、天文学、物理学、植物学、地理学、地质学、矿物学、人种志学和历史学等许多领域都取得了杰出成就，其中尤以天文学和数学方面的成就最为突出。

（1）天文学和数学方面的成就

比鲁尼在天文学方面写下了45篇著作，保留至今的不多。其在1029年完成的《天文学基础教导》分为阿拉伯语和波斯语两个版本，由530个问答题组成，内容广泛，涉及几何学、算术、天文学、地理学、年代学、占星与星盘构造等,可算作当时的《十万个为什么》。

比鲁尼的另一部天文学巨作是其耗时6年、完成于1037年的《马苏蒂天文典》。这部著作是献给伽色尼王朝苏丹马哈穆德之子马苏蒂的,所以以其名字命名。此书共12卷,是一部集天文、地理和民族学的通科著作。在这部著作中,比鲁尼首次提出了地球自转的观点,并正确地计算出了中东地区各主要城市的经纬度,这在测绘史上是非常大的突破。书中对三角函数与定理、圆周率计算等许多基础数学进行了详尽讲解,是存世至今用阿拉伯语书写的科学著作珍宝。为了表彰比鲁尼在学术上的巨大成就,苏丹马苏蒂赏赐给比鲁尼用一头大象才能驮得动的白银,但是他并未收下这份厚礼,而是将其归还给了皇家金库。

1037年,比鲁尼还完成了《占星学入门解答》,此书与其另一部《天文学基础教导》体例相似,采用问答的形式,涵盖了占星学方面的初级知识,阐述了古老数学与天文学的科学关系,并将天文学与地理学结合在一起。这部专著内容丰富,包括天体运行、太阳轨道及其几何测定法、月亮运行及其朔望、日食与月食、球面天文、平面三角、球面三角计算、计时法、数理地理学等。比鲁尼以地球自转为假设,提出了地球围绕太阳运行的新设想,明确提出"行星的轨道是椭圆形而非圆形",并成功测量了地球的周长。他认为,银河系是由"无数的各种星体组合而成",如果地球是围绕太阳运转的话,那么就不难解释其他星体的运动情况。比鲁尼在该书中还详细论述了阿拉伯人、波斯人、犹太人、希腊人的历法、纪元和节日制度。

11世纪时,伊斯兰教的教规规定,"无论身在何处,信徒每天都必须朝向麦加祈祷五次"。清真寺的建造也有严格规定,寺内的米哈拉布(壁龛)一定要正对圣地麦加。如何正确定位方向是当时的一个难题。比鲁尼对此进行了大量研究,并发明了四种公式,这些公式使用方便,只要输入所在地的经纬度,便能推算出麦加的方位。这里所说的经纬度与如今通用的不同,当时格林尼治天文台尚未建立,没有对全球的经纬度进行精确测量。比鲁尼采用的经度是以加那利群岛某处为基准点,但其测量的基本原理与现在的方法无本质差异。

比鲁尼在大地测量上也取得了重大成就。他用物理和数学的原理解释地理现象,发现了利用三角函数原理测量地球半径的新方法。他研制出一种可固定在墙壁上的象限仪,半径为7.5米,观测精度误差在2分之内,大大提高了地理测绘的精密度。

事实上,早在公元前3世纪的古希腊时代,著名学者埃拉托色尼就已经提出经纬度的概念，第一次以正确方法测量出了地球周长。他的测量方法是，同时在两个点测量与太阳的仰角，再根据两地的距离差计算地球周长。这种测量法操作存在难度和误差，需要远行和登高。而比鲁尼发明的方法可以让测量人员不必辛劳远足，只需登上一座高山即可完成。这一方法是比鲁尼在随军出征印度时无意中想到的。当时他住在城堡中，附近有一座高山和一片平原。有一天他爬上那座高山，眼前一片广阔原野给了他灵感。比鲁尼找了一个适当地点，甚至没用量角器，而是使用一个"很大的正方形"当作测量工具，把正方形倾斜，使底边和地面的夹角等于山顶的仰角，利用两组相似三角形的比例关系，推算出山顶的高度，根据山高计算出地球半径。相比之下，比鲁尼的方法更为简便实用。

（2）地图学方面的成就

地图学家在传统上和地理学家被视为同一类，认为两者都是研究地名与数字。伊斯兰地图学产生于8世纪中期，11世纪发展到鼎盛时期。这个时期伊斯兰地图学的代表人物之一就是比鲁尼。

伊斯兰地图学主要是在古希腊"地心说"集大成者托勒密的影响下建立起来的。10世纪后，一批伊斯兰学者设法摆脱托勒密的影响，从而形成了独特的地图学体系，其中一种是由著名地理学家伊德里西摹绘的世界地图，在伊斯兰地图学界有很深影响。另一种世界地图源自10世纪的巴里希学派，它的地图与托勒密地图各有千秋，于是就有学者把这两种类型的地图合并起来研究。最先尝试此类方法的是巴里希学派的阿拉伯地理学家、旅行家伊本·豪卡勒，他在绘制世界地图的过程中引入了托勒密的观念。还有一种是比鲁尼所绘制的世界地图，由于他对波斯、希腊、阿拉伯和印度文化都有很深造诣，因此是在综合各种文化的基础上进行比较研究。例如，古希腊人把世界划分为7个不同的气候带，但比鲁尼并不接受此观点。他认为，区域划分不应该根据希腊人所说的气候或其他自然因素，所以他根据各地居民不同风俗习惯等文化因素把世界分为7个区域，并绘制了地图。比鲁尼地图的特点是阿拉伯半岛被画成半圆形，非洲南部大陆不断向东延伸，尼罗河上游的河流在赤道以南的非洲大陆上出现自东而西的直角转变。15世纪阿拉伯史学家、地理学家伊本·瓦尔迪绘制的世界地图便属于此类代表。

从13世纪开始，以上3种类型的世界地图便在伊斯兰世界同时存在，16世纪又加入了来自西欧的近代世界地图，这种局面一直延续到19世纪。多种类型的世界地图长期并存，可以说是后期伊斯兰地图学的一个显著特点。

比鲁尼在其著作中详细论述了7种绘图投影方法，采用这些方法可把地球绘制成平面图形。其中4种投影方法来自托勒密等人，另外3种则是他的首创。他创立的"自我中心投影"方法与如今所用的等距投影十分相似。通常的地图投影是把地球仪做成半透明的球体，用灯光将球体上的图案投影在纸上。但"自我中心投影"的操作与灯光影子之间毫无关系，而是一种标准的机械式操作。遗憾的是，比鲁尼发明的投影方法并未被后人用于绘制天球图和地球图中去。

就地图学而言，比鲁尼的创新之处在于提出了关于非洲大陆形状的不同观点。在此之前，托勒密认为非洲大陆是不断向东延伸并与东亚大陆连成一片的，比鲁尼对此不予赞同。他认为，陆地四周是被海洋包围的，非洲大陆并没有向东伸展，而且他进一步推测，在非洲大陆的南端有一片把印度洋与大西洋连接起来的海域。这个世界的陆地面积并没有像托勒密所说的那么巨大，海洋的面积要远远大于托勒密所说的面积。由此可见，这两位学者所持观点是完全相悖的，托勒密夸大了非洲大陆的面积，而比鲁尼则相反，大幅缩小了非洲大陆面积。在比鲁尼《占星学入门原理》中曾附有一幅世界简图。在这幅地图上，南面朝上，陆地的四周环绕着海洋，地图上方几乎被印度洋覆盖，有四个半岛几乎平行地伸入印度洋中，这四个半岛分别是东亚（包括中国）、印度、阿拉伯半岛、非洲，与印度洋相连的三大海湾把这四个半岛分开。

这幅世界简图流传甚广，16世纪之后仍有人传抄。可见，比鲁尼关于非洲大陆形状和世界陆地与海洋分布版图的看法在世界历史上产生了不小影响。可惜的是，比鲁尼关于非洲陆地与海洋的推断没有得到后人足够的重视。其后的阿拉伯人也未按照这一推断去开通这条绕过非洲南端通往大西洋的全新航线，否则世界航海的历史将被改写——打通这一新航线的便不是葡萄牙人，而是阿拉伯人，时间也将提前几百年。

（3）民族志学方面的成就

比鲁尼于1000年完成的第一部巨作——《东方民族编年史》，涉及历法、编年史、数学、天文学和气象学等多种学科，记载了东方各国人民的历史、地域、文化及宗教，并对古代各族的历法、纪元和节日进行了诠释。书中收集了大量珍贵的历史资料，对诸多历史问题作了深入浅出的探讨和分析。

1030年，比鲁尼完成了《印度志》一书。此书记述了印度的自然地理、历史、古迹、宗教信仰、哲学、文学、天文学、法律税制、风俗习惯，对印度文化做了全面描绘。在印度期间，比鲁尼对印度诸派哲学非常痴迷，尤其是对印度佛教哲学的研究尤为深刻。比鲁尼在《印度志》中对印度的佛教哲学观点进行了系统阐述，并与古代希腊哲学及伊朗、中世纪伊斯兰等其他宗教哲学进行了比较研究。通过深入的研究，比鲁尼指出了印度佛教哲学对伊斯兰教苏菲派思想发展的影响。书中囊括了他随苏丹马哈穆德几次出征印度西北的经历以及侨居印度多年搜集的全部资料，是研究 11 世纪印度史的最重要史料，弥补了印度中世纪史料的严重不足，至今仍有很大的研究价值。这部著作原先是用阿拉伯语写成的，1887 年出版了英译本，在欧洲广泛流传。

为了能够潜心研究印度历史、哲学、文学和宗教，除了之前精通的阿拉伯文和波斯文，比鲁尼还自学了印度的梵文和一些地方土语。他把印度学者伐罗河密希罗的两卷天文学著作翻译成阿拉伯文，同时把阿拉伯的科学知识介绍到印度，在扩大印度与阿拉伯文化交流上起到了重要作用，促进了东西方哲学思想的相互了解。他还把希腊哲学著作译成梵文，使希腊哲学传播到印度，成了通晓希腊哲学和印度哲学的一位圣杰。

（4）其他方面的成就

比鲁尼的研究兴趣极为广泛，他在地质学和矿物学领域也做了很多研究，并发表了相关的研究著作。通过对比鲁尼研究记载了解，人们发现他生前对中亚地区地形、阿姆河的流向变化和印度河谷的形成都进行过实地考察。比鲁尼曾在书中大胆断言，印度河谷曾经是一个古海盆地，是由泥沙淤积和河床升高而逐渐形成的。这一结论成为研究印度地理十分有科学价值的论断。比鲁尼还是第一个用连通管原理解释地下天然喷泉和喷水井形成的人。1048年,比鲁尼完成了其晚年的一部力作《矿物学》,他在书中对当时许多已知的金属及其合金、矿石和矿物做了详细介绍,认真地研究过物质的比重问题,精确地测定过18种宝石和金属的比重。

比鲁尼在医药研究领域同样很有建树,其大作《生药学》图文并茂地详细描述了880种植物及其分支,专门介绍了许多流传广泛的草药。书中还搜集了4500种植物在不同语言中的叫法,有阿拉伯语、希腊语、印地语、波斯语、古伊朗语、突厥语等,直到今天,人们在生药研究上还时常会用到这些词语,以辨别古书上一些失传的药物。

作为中世纪伟大的科学家、史学家、哲学家,比鲁尼被公认为自然科学和其他诸多科学领域的伟大先驱者和贡献者之一,他一生取得的辉煌成就让后人惊叹不已,望尘莫及。为纪念这位伟大的天文学家,1970年,国际天文联盟将月球上的一座环形山命名为比鲁尼山,并将编号9936小行星命名为比鲁尼星。1973年,联合国教科文组织和国际东方学家大会决定,举行纪念比鲁尼诞辰1000年大型活动。比鲁尼是一名伊朗后裔,其在伊朗科学文化史上享有崇高声誉,2009年伊朗政府向联合国赠送了一座波斯科学家四人群雕建筑，设立在维也纳国际展览中心纪念广场，这四位伟大科学家分别是伊本·森纳、比鲁尼、拉齐、海亚姆。

在科学家的家乡乌尔根奇，比鲁尼是家喻户晓的历史人物，是民众心里崇拜和景仰的伟大科学家。为了纪念这位卓越科学家，1957年，当地政府将比鲁尼出生地恰特更名比鲁尼市，1973年发行了比鲁尼诞辰1000年纪念邮票。除此之外，乌兹别克斯坦还把塔什干国立东方学院和塔什干工业大学以科学家名字命名，专门成立了比鲁尼东方学家手稿研究中心和东方学研究所；并街头广场建造了比鲁尼大型青铜塑像，比鲁尼的名字早已成了乌兹别克斯坦历史文化与科学的象征。

作者：刘晓音，上海海关学院工商管理与关务学院副院长，
副教授

参考文献：

[1] 龚缨晏：《伊斯兰地图学的天才：比鲁尼》，《地图》2006年第6期，第102-104页。

[2] 龚缨晏：《伊斯兰地图学与中国》，《地图》2006年第4期，第108-109页。

[3] 布尔加科夫 P.G.：《比鲁尼的生平与作品》；塔什干《科学》出版社，1972年。

Chapter 07

称霸中亚的一代枭雄

——帖木儿

在中世纪世界历史上，记载着一位驰骋欧亚大陆、征战40余年不败、剽悍神勇的突厥王，人们称他埃米尔·帖木儿，他建立了从帕米尔高原到小亚细亚、阿拉伯半岛的大帝国。

埃米尔·帖木儿（Amir Timur，1336—1405年）出生于撒马尔罕以南的碣石城（今乌兹别克斯坦沙赫里萨布兹），突厥化的蒙古人。1362年，年轻的帖木儿率兵起义，反抗察合台蒙古贵族的统治。1369年，他打败金帐汗国和奥斯曼帝国，雄霸中西亚与印度，正式成为河中西察合台可汗。从明洪武二十年（1387年）起，他多次遣使进贡，希望与明朝建立军事同盟，共同反抗蒙古人统治。帖木儿被喻为成吉思汗第二，是中亚历史上的传奇伟大人物，是今天乌兹别克斯坦的民族英雄。

01

传奇的一生

埃米尔·帖木儿1336年4月8日出生于中世纪西察合台汗国撒马尔罕以南的碣石城的一个蒙古贵族家庭。其母亲塔克伊娜·哈通是布哈拉人，其父亲埃米尔·穆哈默德·塔拉盖是一名突厥化蒙古贵族。因其祖先做过察合台的大臣，所以父亲死后他继为碣石城的一名封建城主。帖木儿的全名叫帖木儿·伊本·塔拉盖·巴鲁剌思，意思是来自巴鲁剌思部落的塔拉盖的儿子。在中世纪俄国编年史册上称其为帖木儿·阿克萨克，在突厥语中"帖木儿"的词义是"铁"，"阿克萨克"的词义是"跛子"。帖木儿生前征战无数，在与蒙古人的一次作战中受伤，瘸了一条腿，"跛子帖木儿"绰号便由此得来。

有关帖木儿部落、家族来历，史料上说法各异，其中说法之一是帖木儿自认不属于成吉思汗族后裔，所以不能称为可汗，而只能冠以埃米尔称号，在突厥语中埃米尔是首领、统治者的意思。但据史籍《蒙古秘史》记载，成吉思汗的八世祖乞颜·蔑年土敦的三儿子叫乞颜·合赤兀，身材魁梧雄壮，饭量惊人，故取名"巴鲁剌岱"。乞颜·巴鲁剌岱组建了巴鲁剌思部落，其后人姓氏统称巴鲁剌思，帖木儿家族便是其中之一。

帖木儿的童年与少年是在山里度过的。他从小喜欢打猎、赛马、掷飞镖和射箭，尤其喜好军事游戏，从 10 岁起便开始学习军事技能和竞赛技巧。他勇敢勤奋，尽管他从未学习过历史，但对历史知识的了解令人赞叹。1352 年，年满 16 岁的帖木儿娶了埃米尔·察库·巴鲁剌思家族的女儿为妻，后来为了提升自己的地位，于 1355 年又娶了西察合台汗国的公主为妻，通过联姻成了西察合台汗国的驸马。1360年，河中地区大势底定，东察合台汗国可汗秃忽鲁·帖木儿控制了该地大部分地区。1362年，年仅26岁的帖木儿在故乡附近起义，他的腿在此时期作战中受伤致残。1364年帖木儿扶持忽辛成为西察合台汗国可汗。后因矛盾冲突，帖木儿杀死了忽辛，于1369年登位称王，随后建立了帖木儿帝国。

帖木儿戎马生涯40余年，征战无数。从1362年到1402年，帖木儿统领的铁骑横扫欧亚大陆，所向披靡，先后战胜势力强大的察合台汗国、花剌子模王国、伊利汗国、金帐汗国、奥斯曼帝国。帖木儿效仿成吉思汗的屠城策略，大军所到之处，尸横遍野，印度、阿富汗、伊朗、叙利亚、伊拉克等地无一幸免，可以说是一代枭雄。

1402年帖木儿在安卡拉战役中打败奥斯曼帝国，俘其苏丹巴耶塞特一世后，帖木儿帝国成了从帕米尔高原到小亚细亚、阿拉伯半岛的伟大帝国，领地总面积达460万平方公里。连续的胜利使帖木儿的野心不断膨胀。他变得愈加狂妄，一心想与中国大明王朝一决高低。1404年11月27日，年近70岁的帖木儿亲率步兵、骑兵各20万东征。正当大军前锋欲渡乌浒河（今阿姆河）之际，帖木儿不幸得病，并于1405年2月18日病殂军中。帖木儿去世后，帝国陷入内讧、分裂，逐渐走向了没落。

帖木儿一生共娶了 18 个老婆，生了 4 个儿子。长子贾汗吉儿、次子乌马尔·沙黑早逝；三子米兰沙坠马致残，早于帖木儿去世；四子沙哈鲁为帖木儿帝国第四位苏丹。遗憾的是，帖木儿去世后，他的子孙为争夺王位相互残杀，导致强大的帝国四分五裂。直到 1451 年，帖木儿三儿子米兰沙之孙阿布·赛义德·米尔扎才将大部分的帖木儿帝国旧地统一起来，并且重新将帖木儿帝国的触角伸向了波斯地区。但是在阿布·赛义德·米尔扎死后，帖木儿帝国再次分崩离析。后在乌兹别克汗国的攻打下，走向了灭亡。庆幸的是，帖木儿家族并没有消失，其六世孙巴布尔于 1526 年建立了强大的莫卧儿帝国，从而在一定意义上延续了帖木儿帝国。

历史上的帖木儿是著名的征服者和"破坏者"，他的军队带给所经之处的是毁灭性破坏。但他又是一个"创造者"，他酷爱历史与艺术，喜欢跟学者交流，热衷于文化。在征战中，帖木儿经常会用历史上和传说中的英雄事迹鼓舞士气。在攻下城池之后，他设法把各处的学者、艺术家、建筑家和手工艺人带回河中地区，利用他们的聪明才智去建设自己的故土。虽过去了数个世纪，但在今天的撒马尔罕、布哈拉等地，帖木儿时期的建筑仍有留存。正是由于帖木儿的精心建设，当时的撒马尔罕成了古丝绸之路上一个无比繁荣的商业城市。作为穆斯林，帖木儿也是不遗余力推广和发扬伊斯兰文化，在各地修建了很多清真寺和经学院。

在阿拉伯历史学家、哲学家和思想家伊本·赫勒敦眼中,帖木儿在历史方面的学识令其感到吃惊。据一些史料记载,帖木儿会波斯语、突厥语。据乌兹别克民族伟大诗人纳沃伊所言,尽管帖木儿不会写诗,但他对史诗、散文十分了解,并且善于恰如其分地引用二行诗。

帖木儿死后被葬于现乌兹别克斯坦的撒马尔罕。1941年3月,苏联科学家米哈伊尔·格拉西莫夫向苏联政府提出了关于挖掘撒马尔罕帖木儿墓的申请报告。米哈伊尔·格拉西莫夫是苏联一位著名的人类学家,其以遗骨复原死者面貌的才华而闻名,他想复原这个被称为战神的帖木儿汗国大汗的面貌。报告得到了斯大林的批准。于是1941年6月21日夜晚,米哈伊尔·格拉西莫夫敲开尘封600年的帖木儿陵墓石棺地下室,打开了帖木儿的墨绿色玉石棺盖。发掘结束后,帖木儿的遗骨被送往莫斯科,进行容貌复原。1942年7月16日,帖木儿的遗骨被送回撒马尔罕。1943年1月,苏联官方按伊斯兰礼节,隆重地将研究过的帖木儿及家人遗骨重新葬入原来的陵墓。

02

帝国的崛起

1362年，26岁的帖木儿起兵反抗察合台蒙古贵族，在这次征战中，帖木儿右手失去了两个指头，右腿受重伤而成了跛子。在之后几年中，为了抵御河中地区头领也里牙思火者的威胁，帖木儿只能与察合台可汗加兹罕的孙子忽辛联手。在经历了几次大战之后，帖木儿的势力逐渐壮大起来，其与忽辛之间的矛盾开始浮出水面。1369年，在阿姆河南岸附近的巴尔赫（今阿富汗境内），帖木儿与忽辛之间展开一场生死较量，足智多谋的帖木儿战胜了后者。随后帖木儿被正式推举成为河中西察合台可汗。1370年，帖木儿帝国正式建立，自此开启了称雄中亚的帖木儿时代。

（1）对中亚诸国之战

帖木儿帝国的崛起引起了周边一些国家不满，旧日有恩怨的国家更是趁机侵占帖木儿帝国的领土，当时咄咄逼人的花剌子模统治者便是之一。历史上花剌子模曾是中亚地区霸主，当时成吉思汗的主要精力是对付金国，所以一直示好西方的花剌子模。但是花剌子模国王仗着自己拥兵40万，杀了成吉思汗的使团。成吉思汗一怒之下率领蒙古大军西进，最终打败了花剌子模。随着中亚格局变化，1371年花剌子模地区的统治者占领了本属于西察合台汗国的领土。帖木儿先礼后兵，派使者前往交涉，要求花剌子模统治者归还强占的领土，可对方一概拒绝，还扣留使者。于是盛怒之下的帖木儿率领大军先后进行了5次征战，于1388年征服了花剌子模。

当时东察合台汗国（该国位于今哈萨克斯坦东南部与吉尔吉斯斯坦伊塞克湖地区）势力也很大，对帖木儿帝国边境地区常常进行野蛮抢劫。为了消除边境威胁，抗击东察合台汗国侵扰，1371—1390年，帖木儿对东察合台汗国共进行了7次征战，最后一次征战，帖木儿追击哈马尔丁残部，一直攻打到今中国境内的吐鲁番附近，彻底摧毁了东察合台汗国。

从1380年到1393年，帖木儿帝国先后夺取了伊朗和阿富汗，攻占两河流域，灭亡了蒙古人建立的伊利汗国，伊拉克的首都巴格达也成为帖木儿的囊中之物。

（2）对金帐汗国之战

帖木儿在征服中亚之后，便把下一个征战的目标指向了统治俄国的钦察汗国，又称金帐汗国。

金帐汗国是成吉思汗蒙古帝国的四大汗国之一，因汗国统治者的帐顶为金色，故名金帐汗国。它位于今咸海和里海北部的俄罗斯和东欧、中欧地区。

金帐汗国占据着北方的大片土地,随着其实力的不断增强和地盘的逐渐扩大,对帖木儿帝国的威胁越来越大。1380年,成吉思汗的后裔脱脱迷失成为金帐汗国的首领。脱脱迷失的辉煌可以说在很大程度上得益于帖木儿对他的帮助和扶持。在脱脱迷失遭遇失败时,帖木儿扶持他登上了白帐汗国首领之位,从而有了竞争金帐汗位的资格。在脱脱迷失成为金帐汗后便忘恩负义,恩将仇报,三次举兵向帖木儿帝国发起进攻,直逼河中地区,并企图联合马穆鲁克王朝,夹击帖木儿帝国,但都被帖木儿军队击败。

面对金帐汗国的挑衅和进攻,虽然帖木儿想举兵讨伐,可是当时的金帐汗国财力和物力十分雄厚,还有一支装备精良、实力强劲的军队,而他也正忙于实施攻打伊朗和高加索的计划,因此,只能被动防御。

后来,脱脱迷失试图从西伯利亚南下,直逼河中地区的布哈拉。而此时的帖木儿已占领了中亚和伊朗,控制了波斯和两河流域的广大地区,完全拥有了与金帐汗国抗争到底、一争高下的实力。于是帖木儿下定决心,举兵千里,讨伐金帐汗国。

1391年春天,帖木儿率领20万大军从河中出发,向北翻越高加索山脉,直扑金帐汗国的核心地区。脱脱迷失在得到帖木儿来袭的情报后，惊恐不已。他心里很清楚，自己并没有把握战胜帖木儿这个强大的对手。脱脱迷失派人送给帖木儿一只猎鹰和九匹战马，并且在写给帖木儿的信中表明自己并没有忘记他的恩惠，希望他能够原谅自己的不敬。可是帖木儿并不领情，他按照惯例将那只猎鹰放在手上，脸上没有露出一丝笑容，以此来表达自己对脱脱迷失送来的礼物不屑一顾。脱脱迷失的主动示好并没有避免战争的爆发，帖木儿以脱脱迷失派来的使臣为向导，继续向金帐汗国进军，并在1391年的4月抵达金帐汗国境内的大草原。进入金帐汗国草原后，帖木儿还命人在一块石碑上刻字来纪念这次远征。20世纪末期，有人在哈萨克斯坦发现了这块石碑，石碑上用阿拉伯文和古察合台文刻字如下："公元1391年，图兰苏丹帖木儿率领20万大军远征金帐汗脱脱迷失……"

无奈之下，脱脱迷失只得硬着头皮迎战。脱脱迷失作战经验丰富，他明白，面对帖木儿强大的攻势，自己没有与之正面对抗的优势。于是脱脱迷失决定利用自己土地广大的优势，采取流动作战的策略，在广袤的土地上与帖木儿玩"捉迷藏"，让不熟悉高加索情况的帖木儿摸不清自己的所在位置。他还派出一些突厥附庸的轻骑兵进行袭扰，企图拖垮对方，不战而胜。

帖木儿在率领几十万大军翻过了高加索山脉后，一路突破金帐汗国散兵的骚扰和阻截，信心满满地进入了草原腹地。但他们很快遇到了危机，险些全军覆没。正所谓兵马未动粮草先行。在准备远征金帐汗国之前，帖木儿就想到在草原上很难寻找食物，于是携带了大量粮食。自认为军粮充足的帖木儿，在前期的行军路上并没有要求士兵节约粮食。但当几十万大军在草原中行进了四个多月仍然没有找到脱脱迷失的主力军队时，粮食的供应让帖木儿开始担忧起来。他命令士兵不准再制作面包，每天只能食用一种用少量面粉和大量的野菜制作而成的面汤。可即使是这样，军粮也很快就消耗殆尽。士兵们的士气开始下降，他们每天要饿着肚子行军，一些忍不住饥饿的士兵甚至违背军令，开始宰杀战马。俗话说，天无绝人之路，根据《帖木儿武功记》的作者歇里甫丁记载："就在帖木儿担忧自己的军队即将全军覆没的时候，草原上突然出现了许多野山羊和一些家乡从未见过的动物，帖木儿立即下令军队组织狩猎，这些动物给士兵们提供了充足的肉食，拯救了饥肠辘辘的士兵。那场几乎全军参与的大型狩猎开始于公元1391年的5月6日，整整进行了一周。"

这场大型围猎结束后，帖木儿的军队储备了充足的肉食，士兵们士气大增。帖木儿便派其孙马合木率领先锋部队前去侦查脱脱迷失的主力军队，马合木也没有辜负祖父的信任，不久他便在捷列克河附近发现了脱脱迷失的军队，并且和他们进行了交战。得知消息后的帖木儿立即率军直奔捷列克河畔，誓与脱脱迷失决一死战。

1395年4月15日，帖木儿大军追赶到捷列克河南岸，脱脱迷失军队固守北岸，两军隔江对垒。脱脱迷失企图凭借大河天险的地理优势，将帖木儿军队阻隔在南岸。可帖木儿凭着以往多次与脱脱迷失交锋的经验，将脱脱迷失的军队死死咬住，誓与其在此决一死战。对垒双方心里都很明白，捷列克河畔的决战直接关系着双方的命运。

帖木儿作战经验丰富，眉头一皱，计上心来。他下令军营拔寨移动位置，迫使金帐军队也在对岸跟着移动位置，双方在三天时间里不停地更换军营位置。帖木儿的这一战术既让对手摸不着头脑，又让其疲惫不堪。第四天深夜，帖木儿让妇女和后勤人员都换上士兵服装，继续迷惑对方，自己则率领主力部队趁夜渡河，一举突破了对方防线。

帖木儿大军主力部队顺利渡过了捷列克河后，在北岸安营扎寨，构筑阵地，欲与金帐军队在此决战。1395年4月22日，脱脱迷失亲自率领数万金帐士兵，从左右两翼向着帖木儿军队发起进攻。起初，金帐军队凭借一定的兵力优势对帖木儿军队进行了有效打击。帖木儿左翼军队受到重创，士兵伤亡严重，不少指挥官坠马身亡，帖木儿本人也一度陷入近身肉搏的险境，最后还是中路及时赶来的骑兵救了他一命，方才化险为夷。

面对不利的战场形势，帖木儿迅速调整作战思路，集中攻打金帐中路主力大军。他调兵增援被压制的左翼军队，并令其向金帐军队进行最后反击。与此同时，下令右翼的第三军团进行全面反攻，从左右两面夹杀中路的金帐大军。帖木儿军队越战越勇，屡建奇功，打得金帐军队节节败退，溃不成军。而在此时，因久战不胜，金帐军队内部出现战术分歧，导致进攻失利，逐渐从战场优势变为劣势，以致丧失了战斗力。脱脱迷失眼看胜利无望，便带着少数随从逃离了捷列克河战场。

捷列克河大战告捷，帖木儿率军继续北上，攻陷了金帐汗国的都城萨莱，几乎摧毁了整座城市，金帐汗国元气大伤。帖木儿中亚之王的名声，也在伏尔加河流域开始蔓延。帖木儿并没有控制萨莱城的意思，他迅速扶持了一位蒙古贵族，将部分释放的战俘交给他组织军队，作为自己遥控金帐汗国的傀儡。

捷列克河大捷对帖木儿具有重要意义。首先，这次胜利瓦解了金帐汗国的主要军事力量，粉碎了金帐汗国与马穆鲁克王朝联合夹击帖木儿的企图，为以后击溃马穆鲁克王朝和奥斯曼帝国奠定了基础。其次，恢复了河中地区在东西商路上的重要地位。帖木儿彻底摧毁了金帐汗国境内的商业中心——萨莱、塔莱、阿斯特拉罕和亚速夫,这使地中海和亚洲间的贸易在之后差不多30年的时间里只能通过帖木儿控制下的伊朗、布哈拉和撒马尔罕的商路进行,巨额的商业税成了帖木儿帝国的重要财源。

帖木儿在击败金帐汗国后,成了名副其实的中亚之王。北患已除,河中无虞。此时的帖木儿又开始谋划新的目标——攻打印度。

(3)对南亚印度之战

帖木儿早就垂涎印度的土地。直到1397年,印度国内出现分化,帖木儿认为攻占印度的时机到了。帖木儿先派时任阿富汗总督的孙子皮儿·马黑麻率兵向印度发起攻击。皮儿·马黑麻亲率3万骑兵作为远征军先锋,在1397年渡过申河(印度河),于1398年5月攻占木儿坦。随后,帖木儿率10万远征军,横越兴都库什山脉到达喀布尔。1398年9月,帖木儿特意选择了当年成吉思汗追杀花剌子模王子扎兰丁过河的同一地点渡过申河,意为完成成吉思汗未竟事业。帖木儿与皮儿·马黑麻在索特里粟河会师,而后继续前进,一路所向无敌。

此时统治印度大部分地区的是德里苏丹马茂德沙二世,他决心要与帖木儿拼死一战。1398年12月初,他率领骑兵1万、步兵4万以及大批战象迎击帖木儿军,最终两军交战于朱木拿河（今亚穆纳河）。印度军以全身厚革包裹的120头战象为先锋，并在象牙上绑上带毒的大刀，在象背上架设小塔楼，里面搭乘的众多弓箭手和投石手负责射箭、投掷标枪和燃油罐。战象的出现令帖木儿很是吃惊，他们没有见过这种战术。帖木儿一方的战马见到这等庞然大物，更是任凭怎么鞭打也不肯前进。战场一片混乱，象背小塔楼里的箭矢、标枪、燃油罐乱飞，帖木儿骑兵死伤不少，只能选择暂时撤退。帖木儿命人在军营周围挖掘战壕，并把大量水牛拴在一起，形成屏障，限制印度战象的作用，打算暂时休战，以谋对策。

1398年12月17日，帖木儿骑兵与印度军再次会战。这次帖木儿准备了大量骆驼，在其背上驮上干柴，点燃后驱使其向印度战象冲去。骆驼惊恐万状，乘火势冲向印度军阵，同时帖木儿军队的弓弩手箭如飞蝗猛射战象。负伤的战象四处乱窜，印度士兵被大象踩死、被箭射死过半。就这样，帖木儿在朱木拿河战役中打败德里苏丹，随后乘胜追击，昂首挺进德里，坐在了苏丹宝座之上。帖木儿拿下德里后，并没有在此久留，而是将德里城交给了印度斯坦代理人管理。1399年1月1日，帖木儿率军离开德里，向东北方向进发。走的时候，他带走了印度战象和驯象师，这些战象在接下来的西亚战役中发挥了重要作用。

(4) 对马穆鲁克王朝之战

在取得印度大战的胜利之后，帖木儿又挥刀杀向叙利亚马穆鲁克王朝。马穆鲁克王朝是外族军事奴隶在埃及、叙利亚地区建立的伊斯兰教政权，曾经联合金帐汗国企图从东西两面夹击帖木儿，将其消灭在河中地区。帖木儿与马穆鲁克王朝早就结下深仇大恨。

1400年冬季，帖木儿率领10万大军攻打叙利亚北部的阿勒颇城。马穆鲁克首领低估了帖木儿大军的作战实力，只派出1万名守军。帖木儿大军在很短时间内就攻陷了重镇阿勒颇，并很快兵临大马士革城下，将其重重围困。帖木儿亲临前线，在仔细观察了大马士革的城防后，决定先围而不攻。他下令烧毁城市附近的田地，切断马穆鲁克守军的后勤物资供应。与此同时，帖木儿军队作出补给耗尽拔营撤退的态势。大马士革城里的守军信以为真，纳赛尔苏丹亲自率领两万骑兵出城追击，企图对帖木儿军队发起致命一击。两军在大马士革郊区对阵，短兵相接。全副武装的马穆鲁克重骑兵率先发动冲锋，不甘示弱的帖木儿铁骑正面迎击，针锋相对。同时，帖木儿指挥骑兵按预定计划向两翼迂回，三面包抄。当纳赛尔苏丹发现中计时，已悔之晚也，马穆鲁克骑兵被4万河中铁骑"包了饺子"。纳赛尔苏丹意识到胜利无望，只能奋力突围，最后只剩下千人退回大马士革城内。

退守大马士革的纳赛尔苏丹并不打算投降,仍在负隅顽抗。帖木儿则部署大型希腊弩炮攻城。弩炮利用扭力弹簧产生的动力,能够抛射重达数十公斤的石弹,威力强大。但由于大马士革城墙异常坚固,防御能力很强,多次进攻仍无法破开。眼看形势越来越被动,伤亡也越来越大,帖木儿突生一计,先将大量的醋泼洒在城墙上,酸性物质浸润了坚壁,再用重型攻城锤猛砸城墙,终于在大马士革城墙上打开了一个缺口。骑兵们随即攻入城内,与马穆鲁克士兵展开了激烈的巷战,最终全歼了5万马穆鲁克士兵,彻底摧毁了大马士革城,给当地人民留下了痛苦的记忆。直到帖木儿病逝后,马穆鲁克王朝才敢去收复叙利亚地区的失地。

(5)对奥斯曼帝国之战

随后,帖木儿开始了对奥斯曼帝国的征战。此时的奥斯曼帝国处于实力上升期,正向东、西两方扩张。向西势力伸到巴尔干半岛的色雷斯,包围君士坦丁堡。向东吞并了小亚细亚东部的一些小王国,侵入亚美尼亚,到达两河流域,与向西扩张的帖木儿发生了冲突。

1402年春,帖木儿的军队进攻奥斯曼帝国,连下数城,直逼安卡拉。他动员的军队在14万左右,以骑兵为主(包括战象30头)。奥斯曼帝国苏丹巴耶塞特一世动员了7万军队,在锡瓦斯附近的林地设防,以打破帖木儿骑兵的机动优势。

帖木儿看到奥斯曼帝国军队占据有利地势，明白虽然自己兵力占优，但并无把握取得战争的胜利。于是他决定绕开奥斯曼军队的防线，打算从南方包围安卡拉，把奥斯曼帝国军队诱到平原决战。巴耶塞特看到帖木儿打个照面就走，随后包围了安卡拉，感到一阵惊慌，立刻拔营驰援安卡拉。于是帖木儿轻而易举地打破了奥斯曼军队的地形优势，在平原地区设防等待奥斯曼主力部队的到来。

1402年7月28日，巴耶塞特的军队经过一番强行军赶到了安卡拉战场，未做休整，便投入了战斗。帖木儿军队全部是骑兵，其中重骑兵是主力，人马皆披铠甲，配备弓、战斧、长矛、弯刀。轻骑兵人马无甲胄，每人携带2—3张弓、3个巨大箭袋和一把马刀。帖木儿把主力布置在两翼，但暗藏了一支后备队，人数上万。巴耶塞特按照奥斯曼军队习惯，将军队分成左、中、右三方面。左翼军团由欧洲召集而来的雇佣军和塞尔维亚国王斯提芬率领的塞尔维亚骑兵组成，右翼军团由从安纳托利亚地区原突厥公国征募的士兵和鞑靼军队构成，而中军则由加尼沙里军团和奥斯曼正规军西帕希骑兵构成。

安卡拉之战可谓中世纪战争史上的一大经典战役。战斗号角吹响后，奥斯曼军左翼塞尔维亚骑兵便冲入阵地，攻势凶猛，给帖木儿军右翼造成了强大压力，帖木儿军右翼只能拼命招架。好景不长，奥斯曼军右翼部队参战后不久形势就出现了逆转。因为对面迎战的帖木儿左翼士兵都是以前被巴耶塞特赶出安纳托利亚（小亚细亚地区）的突厥公国的王公，巴耶塞特右翼军中的突厥和鞑靼士兵开始倒戈，掉转方向攻击巴耶塞特军。奥斯曼中军精锐加尼沙里军团及时支援右翼，这才稳住了局势。

随后，巴耶塞特率领左翼塞尔维亚军队和加尼沙里军团中的精锐力量发动了闪电般的反击。原本处于优势的帖木儿中军转眼间被冲乱了，开始败退。奥斯曼军队的气势顿时振作起来，很快扭转了战场局势。中央突破的加尼沙里军团险些攻破了帖木儿的中部军帐，左翼塞尔维亚军队则击退了帖木儿大军数轮强攻，欧洲雇佣军阵容整齐，也向着庞大的帖木儿军重骑兵方阵发起了数次冲锋。就在这时，一支大军冲杀出来，原来是帖木儿暗藏的后备大军杀到，给了奥斯曼军队一个迎头痛击。巴耶塞特的儿子苏莱曼·查拉比见势不妙，弃阵而逃。厮杀中，左翼塞尔维亚军团率先被帖木儿增援军队击溃，死伤无数，塞尔维亚国王斯提芬无心恋战，率余部撤出战斗。与此同时，帖木儿军队切断了奥斯曼加尼沙里军团的补水供给线，战至黄昏，西帕希骑兵人乏马困，又饥又渴，最后只剩下300人，退守到一座小山丘。后突围时巴耶塞特坐骑中箭，落马被俘。安卡拉的总督见状只好献城投降。帖木儿顺势攻陷了奥斯曼帝国在安纳托利亚最重要的中心布尔萨。曾经不可一世的奥斯曼巴耶塞特王朝一败涂地,素有"雷电"之称的神话也被帖木儿给击碎了。

安卡拉一战极大地挫败了奥斯曼帝国的锐气,间接地拯救了当时身处乱战的欧洲,使拜占庭帝国多延续了50年。

03
帝国走向衰亡

经过几十年的打拼,帖木儿缔造的庞大的帖木儿帝国,国势鼎盛,威震欧亚。然而,天有不测风云。1405年,帖木儿逝于远征中国明朝的路上。从此,强大的帖木儿帝国无可挽回地走向了分裂、衰落、灭亡的道路。

帖木儿死后,为争夺继承权,昔日的亲兄弟兵戎相见,互相残杀,爆发了激烈的王位争夺战。关于王位继承问题,帖木儿奉行"长子继承"原则,但长子早亡,便决定由长孙接班。帖木儿的长孙皮儿·马黑麻从小聪明伶俐、争强好胜,深得帖木儿的宠爱。此时他29岁,早已是领军驰骋疆场的卓越将领。按照帖木儿的遗嘱,本应由皮儿·马黑麻继任王位,可遭到军中许多将领的反对。军中分裂成对立的两大派,一派是以大将沙·灭里和沙黑奴尔丁为代表的军中将领带头违背对帖木儿的遗嘱，而支持帖木儿四子沙哈鲁继任，他们在第一时间派人联络远在赫拉特的沙哈鲁，告诉他帖木儿逝世的消息，而对奉命镇守阿富汗坎大哈的马黑麻封锁消息。另一派以撒马尔罕的守城将领阿儿浑·沙为代表，力主帖木儿的孙子哈里勒继位。而此时的哈里勒，在远征东方大军中担任右路军统帅，他借着祖父去世时自己就在身边的优势，在军中将领的支持下很快控制了首都撒马尔罕的局势，宣布自己为帝国统治者。

这时得到消息的马黑麻率军北上，试图打败哈里勒夺回王位，但受到哈里勒军队的强大阻击。马黑麻军队两战皆败，最后不得不溃退阿富汗。1407年2月22日，马黑麻被自己手下的宰相暗害而死。沙哈鲁因反对哈里勒篡位而受到打击，带着自己的儿子兀鲁伯及其亲信沙黑奴尔丁将军逃往了赫拉特。帖木儿三子米兰沙在阿塞拜疆和伊拉克，与自己两个儿子不和，后来在与土库曼首领哈剌·优素福的战争中战死，他的两个儿子也相继战败身亡。帖木儿帝国的势力在西亚被完全消除。

获得王位的哈里勒却没能守住祖父的基业。他威望不足，难以服众，各地的王子、总督们都不听号令，后来更是遭到驻扎费尔干纳等地将军的反叛进攻，屡战屡败。最后首都撒马尔罕失守,自己被赶下王位做了俘虏。

在帖木儿的四个儿子中,只有四子沙哈鲁后来冲破逆境,重建家园。他先是平定了自己领土中的叛乱,之后出兵河中,收复了撒马尔罕,救出哈里勒,于1409年成为帖木儿帝国的统治者。历史上把沙哈鲁建立的国家称为"哈烈国",主要范围为河中、阿富汗和波斯东部,比帖木儿帝国全盛时期小一大半。沙哈鲁当政40余年(1405—1447年),直至1446年,他的孙子苏丹·穆罕默德在波斯西部叛乱,沙哈鲁率军前去讨伐,于1447年3月病逝在征战的路上。其子兀鲁伯继承王位。

哈烈国政权在沙哈鲁及其子兀鲁伯统治时期,一度壮大,在中亚及阿富汗、蒙兀儿斯坦等地区树立了霸权。但后来兀鲁伯的长子阿不都·剌提甫再次掀起叛乱,杀死了自己的父亲,造成河中地区再次大乱。沙哈鲁后裔们轮番夺位,最后由帖木儿三儿子米兰沙之孙阿布·赛义德·米尔扎夺得河中地区的统治权。但他不仅不积极稳固政权,反倒好大喜功,于1469年远征波斯,誓与当时西亚地区的枭雄——白羊王朝的乌宗·哈桑决一雌雄,结果兵败身亡。1501年春,帖木儿六世孙的巴布尔,被乌兹别克首领昔班尼汗逐出撒马尔罕城。1503年,昔班尼占领塔什干地区,1505年攻陷花剌子模首府乌尔根奇,1507年5月攻陷赫拉特。至此,从里海到中国边境,从锡尔河到伊朗高原的辽阔地区都处于昔班尼的统治之下,帖木儿后裔们终没有机会再度崛起,曾经强盛无敌的帖木儿帝国就此彻底灭亡了。

04
与中国的关系

据史料记载,帖木儿及其帝国与中国明朝的关系经历了友好往来—互相对立—重归于好的复杂过程。

帖木儿有很强烈的成吉思汗情结。13世纪初,蒙古族人成吉思汗通过对外扩张,建立了强大的蒙古帝国,在世界历史上产生了深远影响。成吉思汗在世的时候,把全国的属地分给了几个儿子,建立了四大汗国。帖木儿就出生在四大汗国之一的察合台汗国,其祖父和父亲都在察合台汗国当过大臣,帖木儿常常以此为豪,大肆宣扬自己是成吉思汗家族身边的人。

帖木儿年轻时深受成吉思汗的影响,对成吉思汗崇拜得五体投地,立志要做成吉思汗式的英雄。1370年,当帖木儿夺得西察合台国首领、成为撒马尔罕统治者的时候,他宣称自己是成吉思汗的继承人。为了巩固政权,实现恢复成吉思汗伟业的宏图大略，帖木儿千方百计地向成吉思汗黄金家族贴近。为此，他采用联姻的办法，娶西察合台汗国王的公主为妻，以此成为成吉思汗的后裔。

帖木儿称帝后，起初与中国明朝建立和发展了友好往来的关系。14世纪中叶开始，帖木儿到处发动战争，采取"先西后东"的做法进行疯狂扩张。为了保障实现西征中亚、夺取外高、占领波斯的宏大计划，建立一个和平的后方环境，帖木儿主动与东方大国中国明朝建立联系。面对当时国力比较强盛的明朝，帖木儿主动称臣，并按期纳贡。据《明实录》等记载，最早在洪武二十年（1387年），帖木儿"派回回满刺哈菲思等来朝，贡马十五匹，驼两只。"明太祖朱元璋也回赐帖木儿"白金一十八锭"。直到洪武二十七年（1394年），帖木儿几乎每年均派使者入明进贡马匹等。帖木儿还将自己的国宝——用美玉做成的"照世杯"献给朱元璋，以表恭顺。1394年，帖木儿曾给朱元璋写过一封信："臣帖木儿，僻在万里之外，恭唯圣德宽大，超越万古。自古所无之福，皇帝皆有之，所未服之国，皇帝皆服之。远方绝域，昏昧之地，皆清明之……臣国中部落，闻兹德音，欢舞感戴，臣无以报恩，惟仰天祝颂圣寿，福禄如天地，永永无极。"由此可见，当时的帖木儿把中国尊为上邦。在帖木儿的家乡沙赫里萨布兹，至今还流传着帖木儿向中国主动示好的故事。传说帖木儿为了深化与中国的友好关系，邀请皇帝朱元璋来沙赫里萨布兹访问，参加他的生日庆典。但他的这一好意却遭到朱元璋的拒绝。帖木儿很生气，于是制定了东征中国的计划。

14世纪末15世纪初，帖木儿的西征计划正获得大胜，他占领了外高加索，征服了阿富汗，荡平了波斯叛乱。此时的帖木儿声威大振，不仅独霸中亚，而且威震东欧。在西征完成后，帖木儿消除了"东进"的后顾之忧，便改变了对华政策，开始实施蓄谋已久的东征中国计划。1396年帖木儿突然扣留了明朝使臣傅安等人，并当面辱骂朱元璋，还要其投降。傅安等坚决不屈。在帖木儿统治的其他地区，扣留明朝使者的事也多有发生。如归降帖木儿的新疆别失八里也扣留了明朝使者，1397年帖木儿的重镇哈烈也扣留了明使陈德文等。从此，帖木儿停止向明朝纳贡，并于1402年（建文四年）宣布脱离明朝藩属，还狂言要明朝反称臣于己。1404年冬天（永乐二年），帖木儿集兵20万大军，向东进发，剑指大明王朝。

帖木儿率领大军翻过白雪茫茫的天山山脉，渡过冰雪覆盖的锡尔河，来到一望无际的草原大地讹答剌（今哈萨克斯坦奇姆肯特）。由于帖木儿年事已高，路途劳顿，加上一路饮酒过度，高烧不退，无药医治，于1405年2月18日病逝于东征途中。至此，帖木儿进攻明朝的计划彻底失败。

帖木儿死后，其孙子哈里勒篡位当上帖木儿帝国国王。他从地缘政治和帝国安全出发，改变了祖父的对外政策，恢复了与明朝的友好往来关系，继续向明朝纳贡，称臣于明。1407年（永乐五年），哈里勒在执政第二年首先释放了早年遭帖木儿扣押6年之久的明朝使臣傅安、陈德文等人，并托其带去帖木儿帝国意与大明修好的意愿。1409年（永乐七年），正式成为帖木儿帝国国王的沙哈鲁派使团至南京朝见朱棣，送上豹子、狮子等礼品。明朝也摈弃前嫌，重修友好，双方重新恢复了朱元璋时代的"藩属"关系，从此友好往来。此后两百多年里双方和平相处，往来频繁，使明朝西部边境保持了长期稳定的局面，帖木儿帝国首都撒马尔罕也成为古丝绸之路上的重要商旅之城。

作者：张健荣

参考文献：

[1] 刘卓:《哈烈国与明朝关系述略》，《西域研究》2006年第2期，第31—33页。

[2] 赛音朝格图:《帖木儿》，内蒙古人民出版社，2019年11月第1版。

[3] [法]布哇:《帖木儿帝国》，冯承钧译，中国国际广播出版社，2013年4月第1版。

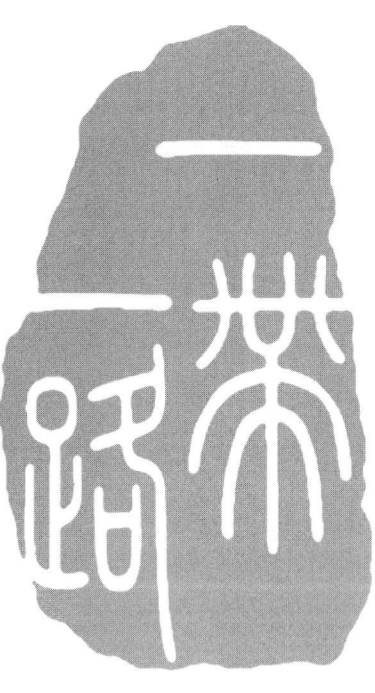

杰出的帝王天文学家

——兀鲁伯

古往今来，中亚史上许多统治者在位时无不攻城略地，驰骋疆场，称雄一方。然而，帖木儿王朝却有一位君王卓尔不群，被民众奉为圣明，在今乌兹别克斯坦名垂青史。他就是被称为"帝王天文学家"的兀鲁伯。

兀鲁伯，本名米尔扎·乌鲁格别克（Mirzo Ulug`bek，1394—1449年），帖木儿之孙、沙哈鲁长子，帖木儿帝国的第三代君王，著名的天文学家、数学家、诗人和哲学家。他在位期间，大力发展伊斯兰文化教育，在撒马尔罕和各地建立多所伊斯兰经学院，除宗教学科和语言课外，还开设天文、数学、文学和历史等课程，培养了大批穆斯林学者。史学家称兀鲁伯是"皇位上的学者"。

01

马车上长大的贵族

1394年3月22日，帖木儿外出征战途中，其小儿子沙哈鲁王子的媳妇临产，于苏丹尼耶（今伊朗西北地区）生下了他们第一个儿子。当帖木儿在作战前线接到这一喜讯时，顿时喜笑颜开，开怀畅饮。为庆祝孙子降世，帖木儿颁布命令，对即将被攻占的敌城守军予以赦免。这是他率军征战以来第一次赦免敌军,足以证明这个孙子的降世是多么令他高兴。新生儿被取名为米尔扎·穆罕默德·塔拉盖,以示对父亲的尊敬,但当时很少有人知道这一名讳,而别名——兀鲁伯却众所周知。此名来历的说法是,帖木儿在世时儿孙满堂,但不知为何他对孙辈中长得略显瘦弱的穆罕默德尤为关爱,出征中,帖木儿身边的随从们都注意到这一点,便用突厥语"兀鲁伯"称呼这个小王子,语意为"伟大的贵族"这个昵称后来便传开了。

按照突厥人帝王家族规矩,孩子出生后不许留在其亲生父母身边,抚养及教育必须由长辈负责。兀鲁伯出生后便被从父母身边带走了,由帖木儿妻子萨拉伊·穆尔珂·汗尼姆抚养,小时候与父母相见次数很少。

兀鲁伯是随他的祖父帖木儿征战的少数王子之一。襁褓时期的兀鲁伯就已经历了几次长途旅行。他的摇篮随军队走过了亚美尼亚的岩石道路,穿越了美索不达米亚的沼泽平原,翻越了伊朗的崇山峻岭,经过高加索,最后回到了撒马尔罕。

1398年,帖木儿准备出征印度,他原本打算带兀鲁伯一起去,但孩子的身体状况以及印度当地湿热的气候迫使他最终放弃了这一打算。随军而行的兀鲁伯祖母在抵达喀布尔后便不再前行,而是留在当地一边细心照料孙子,一边等候前方作战将士的凯旋。6个月后,他们在阿姆河和锡尔河边重新见到了威武的帖木儿军队。雄壮的铜号声、士兵盾牌上耀眼的反光、微风吹拂着的盔缨、堆积如山的战利品、成百上千的俘虏、各种各样的珍禽异兽,还有外部世界的奇闻逸事和将士们奋勇战斗的故事,这一切给小兀鲁伯留下了生动的记忆,那年他只有5岁。

1399—1404年,兀鲁伯又跟随帖木儿大军一起远征小亚细亚和叙利亚。据一些历史学家推测,正是在第二次远征中,兀鲁伯到达了被征服的艾尔祖鲁姆(现土耳其东北部)。1402年,少年时期的兀鲁伯途经波斯时看到了位于马拉盖城(今伊朗西北地区)著名的古老天文台废墟。这座天文台,是波斯著名数学家和天文学家纳西尔丁·图西于13世纪下半叶建造的,占地面积47500多平方米,是中世纪最大的一座天文台,当年曾在这里工作的天文学家约有100人。其内部曾藏有400多万册手稿,《艾尔哈尼天文表》就是在这里编制的,其中包含了当时记录的行星和星座运行精确时间表、6位三角函数表、世界256个城市地理坐标清单。14—15世纪天文学家卡西晚年写道:"马拉盖天文台建筑对兀鲁伯生前设计的撒马尔罕天文台毫无疑问产生了很大影响。"

据史料记载,兀鲁伯信奉伊斯兰教逊尼派,从小就能够熟练背诵古兰经,对伊斯兰教经典和教义熟稔于心。他3—4岁时就由诗人和学者阿利夫·阿扎里担任他的家庭教师,在宫廷里受到了良好的宗教和文化教育。他天资聪颖，记忆力非凡，除了熟练地掌握了波斯语和阿拉伯语，对突厥语也十分在行。他谙熟文学语体理论，还时常参加文学讨论，并且自己动笔写诗。据著名苏联东方学家巴托尔德称，1448年，兀鲁伯赴呼罗珊，在欢迎的人群中立刻认出了阿利夫·阿扎里，并清晰地回忆起幼年趣事。

帖木儿生前曾建造了一座当时数一数二的图书馆，馆藏丰富，吸引了来自世界各地的学者，当时著名的数学家和天文学家加蒂扎达·鲁米也在其中。这位学者后来成了兀鲁伯的启蒙教师。兀鲁伯从懂事起就常年沉浸在书籍的海洋里，阅读了大量有关天文学、数学、哲学方面的学科知识。在浏览前人各类天文学著作时，他被宇宙天体的无穷奥秘所吸引，同时心中也产生了许多不解和疑惑。这激发了他进一步去探索的强烈欲望，为他逐渐成为一个真正的天文科学家奠定了必要基础。

1404年兀鲁伯随帖木儿返回撒马尔罕，参与接见了卡斯蒂利亚（今西班牙）、明朝使节。

02

执政年代的文化建树

1405 年,帖木儿殒命,帖木儿三儿子的长子哈里勒与帖木儿四儿子沙哈鲁争夺继承权。当时哈里勒执掌撒马尔罕,但驻扎费尔干纳等地的将军发动叛乱,哈里勒从其正与沙哈鲁军队对抗的人马中抽调 4000 骑兵,亲自前去平乱,但因双方力量悬殊,哈里勒被叛军打败并生擒。而沙哈鲁率先扫平了呼罗珊地区的多次叛乱,并于 1409 年挥师进入河中地区,收复了撒马尔罕,将哈里勒从监狱中救出,放逐到雷伊城。此时的沙哈鲁管辖着以赫拉特为首都的哈烈国的大片疆土。他放弃了撒马尔罕总督之位,让其子兀鲁伯接任。1409 年,年仅 15 岁的兀鲁伯成为河中地区的统治者,进驻撒马尔罕,开始了其长达 40 年的执政时代。

15 世纪的撒马尔罕是古丝绸之路上的主要商贸通道,这一特殊的地理位置为其社会繁荣发展提供了得天独厚的优势,使其成为当时中亚内陆的一颗明珠。中国汉朝使节张骞首次出使西域,在大宛国王的护送下到达的康居,就是撒马尔罕。唐朝玄奘西去求取真经,同样也从撒马尔罕经过。粟特人以及此后的丝路过客，都通过撒马尔罕把西方的金银、香料、奴婢、牲畜、器皿、首饰运到中国，又把中国的丝绸运到西方。这使繁盛的撒马尔罕势必成为权力的争斗场。

为了保证中亚商路的畅通与安全，保障撒马尔罕周边环境的稳定，1413年秋，兀鲁伯率师进击费尔干纳，占据了阿黑昔（今乌兹别克斯坦纳曼干城）、安集延两地，留兵戍守。费尔干纳统治者阿黑麻借蒙兀儿兵反击，在奥什击溃兀鲁伯，蒙兀儿人纵掠费尔干纳后回师东察合台汗国（1348—1509年）。1416年兀鲁伯利用与阿黑麻留守喀什噶尔长官沙黑·阿黑谈判之机，将其扣押，夺取了喀什噶尔。1419年兀鲁伯率军扶助乌兹别克首领博拉克争位成功，安定了北方。

1420年，东察合台汗国爆发了争位内讧。兀鲁伯襄助失儿·马黑麻击败歪思汗，因失儿·马黑麻不愿称臣归附，又派兵击溃蒙兀儿人，除去了心中大患。此时北方的乌兹别克首领博拉克势力逐渐增大。1426年博拉克向兀鲁伯提出对锡尔河沿岸地区的领土要求，兀鲁伯甚为恼怒，挥师攻打博拉克。但在苏格纳克附近被博拉克击败，兀鲁伯率残部退守撒马尔罕。此次战败后，兀鲁伯统治的王朝由盛转衰。

1417—1420年期间的撒马尔罕更加繁荣，来往游客与商贾络绎不绝。利用这一大好时机，兀鲁伯在撒马尔罕广场建造了兀鲁伯经学院。兀鲁伯经学院是15世纪中亚地区最大的科学教育机构。除了教授经学之外,这里还讲授数学、天文学和哲学,由当时的知名学者授课。经学院的首任院长是个苦行僧,名叫穆罕默德·哈瓦菲,博学多识,具有很高的文化素养。据历史学家达乌列特沙赫所言,当时在撒马尔罕经学院学习的毛拉(伊斯兰国家和地区对学者的敬称)人数超过 100 人。欧洲著名作家和哲学家伏尔泰的话可以证实上述观点,他说:"撒马尔罕的兀鲁伯是在河中地区建立科学院的第一人。他下令测量地球面积,并且亲自参与制作天文表。"至此,撒马尔罕成了伊斯兰世界各地学者会集的文化之都。

1427—1447 年,兀鲁伯的精力主要集中在撒马尔罕地区的社会经济建设上。1428 年兀鲁伯在河中地区进行了一项重大的货币改革,对整个国家经济产生了积极影响。在这一相对和平时期,撒马尔罕商贾云集,社会经济得到了进一步繁荣发展,宫廷学者荟萃,学术文化更加昌盛,成了伊斯兰世界的文化科学中心。

1447 年,兀鲁伯的父亲沙哈鲁病逝,因其生前未指定继承人,王朝内部再次爆发了夺位之争。兀鲁伯的侄子阿剌德·倒剌宣布继位为王,出兵攻击河中地区的兀鲁伯。兀鲁伯与长子阿不都·拉提夫协力一举打败了阿剌德·倒剌。1448 年,战败后的阿剌德·倒剌遁往马什哈德。由于各自后方空虚，双方弭兵息鼓。因为兀鲁伯把科学置于宗教与神学之上，被宗教势力视为异端。1449年10月27日，兀鲁伯被宗教势力杀害。

在兀鲁伯去世5个多世纪后，苏联著名人类学家、雕塑家米哈依尔·格拉西莫夫对兀鲁伯的头盖骨进行考古研究发现，其头骨上刀砍留下的痕迹清晰可见。

03

对天文学的伟大贡献

相比于帖木儿帝国的其他统治者，兀鲁伯更像是一位学者。他在天文学、数学上的造诣极高，被同时代的人比作亚里士多德的学生亚历山大一世。兀鲁伯在担任撒马尔罕总督期间，深受当地波斯文化的熏陶、感染。他重视学术，尊重学者，把科学置于宗教与神学之上。

为从事天文学研究，兀鲁伯邀请了一批著名的天文学者至其宫廷。他们中有加蒂扎达·鲁米，他被时人称为"当代柏拉图"；有曾编制过天文表的伊本·马苏德，他是兀鲁伯从卡桑邀请来的；有木伊丁亦，他1437年编制过一本天文表；还有被时人誉为"当代托勒密"的艾尔·库什奇，他是兀鲁伯的密友、宫廷成员。为帮助兀鲁伯从事天文学的研究，伊本·马苏德专门为兀鲁伯撰写了一本数学专著，这为兀鲁伯的天文学观察与计算奠定了坚实的基础。

兀鲁伯对科学的巨大贡献之一是 1424—1428 年在撒马尔罕建造的巨型天文台。这座天文台坐落在被称为库哈克的小山顶上，海拔 710 米，看起来就像是绿色田野中的一个石头小岛。从山顶向四面望去是一望无际的美丽景色，有灌渠，还有兀鲁伯儿时喜欢玩耍的花园，水顺着灌渠流经库哈克山，后一分为二流向远方。四周空气清新，撒马尔罕宣礼塔的蓝色圆顶和遥远的山脊清晰可见。

天文台共 3 层，每层 10 米高，直径 46.5 米，看起来就像是一个巨大的圆柱形堡垒。它的建立奠定了撒马尔罕在当时的科学地位，具有重要历史意义。天文台收藏了天文历算等大量图书，并装置有一个巨型象限仪等精密的天文仪器。这台巨型象限仪深 11 米，弧长 33 米，半径达 40 米，它由两个平行的弧组成，分为度、分、秒。天文台建筑物顶部开孔，象限仪可上升到建筑物的高度，沿着子午线固定，根据屈光度，通过建筑物顶部开孔来观察太阳、月亮和行星的运动。太阳光通过此孔可穿过弧线，从而确定太阳的坐标，标出昼夜时间。当太阳光时隔一年再次落到这一点上时，便可确定一年时间周期。这样精巧的设计在当时非常罕见。

天文台建成后，兀鲁伯任命阿布·卡西姆为台长，并招聘了一大批天文学家，他们在这里进行天文观测和研究，天文台成为上百名天文学家、数学家和几何学家的家园。兀鲁伯在撒马尔罕天文台曾进行了一项复杂的工作——确定地球赤道对地球轨道（黄道）的倾斜度。根据兀鲁伯的计算（1437年），黄道的倾角是23度30分17秒，恒星年为365天6小时10分8秒，与现代数据相差很小，而他们并未借助现代光学仪器，而是只凭裸眼观察。

兀鲁伯还是"地球公转周期表"和"行星自转周期表"的创始人。他曾对中亚、高加索、西亚和欧洲的683个城市的地理坐标进行测定并编制成表，这引起了俄罗斯、亚美尼亚、伊拉克、伊朗，甚至西班牙等诸多国家的极大兴趣。

经过兀鲁伯及众多天文学家对上千颗恒星位置进行长时间的观测，1447年兀鲁伯的科学巨著《新古拉干历数书》编制成功，后人称之为《兀鲁伯天文表》。该表共分为纪元和时代、时间定义、行星运动、固定星星四个部分，概述了当时的天文学基础理论和1018颗星辰方位，是托勒密以后的第一种独立星表，达到了16世纪以前的最高水平。但西方学者认为，此天文表非兀鲁伯一人完成，其主要计算首先是鲁米，其次是伊本·马苏德，最后则是艾尔·库什奇。17世纪，兀鲁伯的《天文表》被波兰天文学家约翰·赫维留写入自己的《天文导览》之中。在这本书的版画中，兀鲁伯同其他5位著名的天文学家被描绘在乌拉尼亚神庙上。出于对兀鲁伯的尊重，他坐在乌拉尼亚右边第一个，他的上方写着一句箴言："我把我最重要的事业留给我受之无愧的后代。"

1648年，牛津大学教授约翰·格里夫斯教授出版了《兀鲁伯天文表》的一部分，使欧洲第一次知道兀鲁伯。1725年，格林尼治天文台的首任台长约翰·弗兰斯蒂德在自己的《天空史》一书中也引入了《兀鲁伯天文表》。除欧洲外，该天文表还于1724年被译成格鲁吉亚语。

兀鲁伯对后世影响深远。圣彼得堡科学院第一位外籍院士、天文学家约瑟夫·尼古拉斯·德利尔从工作的第一天起就着手将兀鲁伯的书翻译为拉丁语。另一位俄国学者瓦·拉·维特金，经过多年努力发现了兀鲁伯天文台方位与遗址，这被称为20世纪最伟大的考古发现之一。从1908年开始，苏联科学家先后进行多次考古挖掘，在遗址废墟中发现了藏于地下的一截石质轨道。

04
在其他方面的成就

（1）建筑学领域的成就

兀鲁伯的另一伟大贡献是弘扬和促进了建筑艺术的发展。在他统治时期，一批造型独特、外观优美的建筑在撒马尔罕、赫拉特等地建成。建筑领域呈现出繁荣景象。这些建筑外观华丽、结构厚实、规模宏大，将古代阿拉伯建筑风格与波斯建筑风格融为一体，圆形大柱镶嵌不同彩绘与雕刻文饰，建筑物上运用陶砖与壁画等工艺，各种花纹、几何图案与植物图案点缀建筑外墙，形成了极具中亚南部建筑传统和特点的风格。这一建筑风格在后世得到了长足发展。16世纪，砖块镶嵌工艺在布哈拉、撒马尔罕日趋完善，彩色砖块被广泛采用，尤其是建筑物内部墙壁及穹隆的图案花纹装饰和砖制的带几何和植物图案的拱形设计更为流行。

据历史考证，当年兀鲁伯颁令在撒马尔罕列吉斯坦广场建造的大型建筑群，主要由经学院和清真寺组成。兀鲁伯学院的南部就是一座大型清真寺建筑，是由一名权贵——阿利克·库克利塔什出资修建的。这座清真寺在18世纪的作品中就有提及。而在兀鲁伯经学院对面是一座哈纳卡（修道院），它是苦行僧的住处。16世纪初访问撒马尔罕的历史学家苏丹·巴布尔曾说，这座哈纳卡因其雄伟的圆顶而闻名，它"巨大的规模已被证实，世界范围内无一能与之匹敌"。后来这座哈纳卡由于年久失修而被拆除，1619—1636年，当时的撒马尔罕统治者亚朗图希·巴霍杜尔在其原址建造了舍尔多尔经学院。距离经学院和哈纳卡不远处有一些富丽堂皇的浴室。这些浴室不仅在河中地区，在呼罗珊省也都被认为是最好、最美的。广场附近还建有"米尔佐伊"商旅客栈等其他建筑物。

1646—1660年，列吉斯坦广场上又竖立起一座金色经学院——季里雅-卡利经学院，它与兀鲁伯经学院、藏狮经学院构成了17世纪撒马尔罕广场伊斯兰文化中心。

除了撒马尔罕的经学院外，兀鲁伯在布哈拉和吉日杜万也建立了经学院。其中，1417年修建的布哈拉经学院是保存至今的中亚最古老的经学院。

（2）文学艺术领域的成就

15世纪是中亚文化灿烂夺目的时代。兀鲁伯在位期间，继续发扬其父的优良传统，招揽各地的学者、诗人及艺术家。自萨曼王朝以来，河中地区从未有过一位君主像他那样重视学术、文化，呵护知识分子。他是波斯文学与艺术的庇护人。

在中世纪的中亚，手抄本是耗费漫长时日的劳动结晶，其优秀之作往往是艺术珍品。抄写完毕的手稿还须经过各种程序的装帧，其中细密画以其与书稿相关的形象、构图、花纹和配色构成书籍装帧中最雅致的一部分，同时它又跃出纯粹的插图和装饰作用的窠臼，成为小型造型艺术的一个特殊领域。尽管细密画艺术在此前数个世纪已存在，但科学和文学手稿之中关于细密画的最早记载见于帖木儿时代。在兀鲁伯统治时期，众多优秀画家曾会聚撒马尔罕，在这里创作出一批细密画杰作。细密画又以赫拉特、撒马尔罕为中心得到进一步发展，其中成就最突出的代表人物就是宫廷画家毕扎德。他是兀鲁伯时代的细密画巨匠，把中国画法和波斯绘画完美结合，改变了传统的艺术内容，创造了许多全新的构图方法，其艺术风格影响了16世纪伊朗与中亚的各艺术流派。"人们只要想起毕扎德，就会想起这一艺术的壮观，它们盛开在被认为是永恒的废墟之中。"兀鲁伯时代的细密画成为东方文明的标志之一。

如今藏于华盛顿弗利尔艺术画廊的兀鲁伯及其妻妾、子女、异密（侍从）和权臣的一组肖像画，是兀鲁伯时代细密画的精品。这组画1442年创作于撒马尔罕。画面中，华盖下的兀鲁伯端坐在如茵的草地上，其眷属和侍从簇拥在他的周围，每个人的表情、服饰各具特色。这组画笔法细腻、人物高大、风景简洁，其高超的艺术技巧富有特色，作者无疑是一位在创作中展现鲜明个性的艺术大师。

兀鲁伯崇尚波斯文化，他精通波斯语，能娴熟地使用波斯语与本地的神学界代表交流。在灿烂的波斯文学中，他尤其喜爱波斯诗歌。在众多著名波斯诗人中，他最崇敬的是尼扎米。除了用波斯文写诗，兀鲁伯还用塔吉克文写诗。苏联东方学家巴托尔德认为，兀鲁伯的文学造诣已接近现代欧洲文学方面的专家。一位察合台诗人也盛赞兀鲁伯的学识远远高于古代穆斯林世界的任何一位伟大学者。

来自撒马尔罕的历史遗产

兀鲁伯是中亚历史上一位令民众无比怀念的统治者，他是一位仁慈而开明的君主。他在科学与文化上取得的成就是中亚历史上任何帝王所不能比拟的，可谓前无古人、后无来者。他对中亚文化做出的杰出贡献将永远载入史册。

据历史记载，兀鲁伯统治期间撒马尔罕天文学院的成就对中国天文学的发展产生了极大的影响。耶稣会传教士——科学家宋君容曾写道："中国人知道关于它（天文学）的知识来自西方,来自撒马尔罕。"1432年,朝鲜第二任国王李裪通过中国接触并认识了撒马尔罕天文学院。之后兀鲁伯天文学开始在朝鲜发展起来。

1470年,艾尔·库什奇将兀鲁伯图书馆中的一些书和几本《兀鲁伯天文表》带至伊斯坦布尔,进一步传播了兀鲁伯天文学院成就。

对兀鲁伯的主要著作注释最完美的要数波斯天文学家和数学家尼扎姆·比尔詹德,他于1523年撰写了《对〈兀鲁伯天文表〉的评论》。

1651年,意大利天文学家乔万尼·里乔利提议用古代著名科学家的名字命名月球上的环形山,于是月球上的一座环形山就以兀鲁伯的名字命名;1977年发现的2439号小行星也被命名为兀鲁伯。

18世纪上半叶,巴布尔王朝穆罕默德·沙赫命令天文学家萨瓦伊·杰伊·辛格二世在斋浦尔、瓦拉纳西和德里修建天文台。斋浦尔的简塔·曼塔是保存最完好的一处天文台,里面的各种观测仪器至今还能为天文学家所用,其修建时就使用了撒马尔罕天文学院的投影和量规。

苏联杰出的伊斯兰研究学者、东方学家巴托尔德于1918年发表了《兀鲁伯及其时代》研究专著,成为中外学界公认的研究兀鲁伯的权威著作。

考虑到兀鲁伯伟大遗产对乌兹别克斯坦民族精神传承的重要性，在乌兹别克斯坦前总统卡里莫夫的倡议和直接领导下，乌兹别克斯坦政府隆重举办了伟大科学家兀鲁伯600周年和615周年的庆祝活动，1994年还被宣布为"兀鲁伯年"。

在乌兹别克斯坦，无论是在大专院校，还是在国家研究机构，到处可以感受到兀鲁伯的存在。兀鲁伯是科学文化的象征，乌兹别克斯坦民族大学、费尔干国立师范学院是以兀鲁伯的名字命名的；乌兹别克斯坦天文研究所、乌兹别克斯坦国家科学院视兀鲁伯为庇护神；就连乌兹别克斯坦塔什干市内地铁站内也设有兀鲁伯站。

撒马尔罕兀鲁伯博物馆休息室的入口处有兀鲁伯的肖像，这幅肖像画是由艺术科学院院士、乌兹别克斯坦人民艺术家阿克马尔·伊克罗姆焦诺夫创作的。当我们漫步在塔什干、撒马尔罕大街上，不经意间就会看到广场中央屹立着的兀鲁伯大型塑像。在乌兹别克斯坦，兀鲁伯的名字早已进入了人们的社会生活之中。

有关兀鲁伯生平的文学和艺术创作作品在苏联时期层出不穷，许多作家、音乐家、艺术家先后创作了各类题材的作品，如小说、剧本、歌剧、电影等。1966年，乌兹别克斯坦电影制片厂制作了故事片《兀鲁伯之星》；1970年乌兹别克斯坦电视台制作了电视连续剧《兀鲁伯之宝藏》。

2013年9月,中国国家领导人习近平出访中亚国家。他于9月10日到访乌兹别克斯坦历史名城撒马尔罕,参观了位于撒马尔罕市中心的列吉斯坦广场建筑群和兀鲁伯天文台纪念馆。2000多年前,古丝绸之路打通了中国与中亚、西亚和地中海各国之间的贸易通道,从中涌现出无数可歌可泣的历史人物和跨国故事,写下了千年文明历史篇章。而今丝绸之路重获新生,担负起新时代的使命,构筑人类命运共同体,必将描绘出更加灿烂的未来。

作者:张健荣

参考文献:

[1] 新华社电:《共同谱写丝绸之路文明发展新篇章——习近平在乌兹别克斯坦参观访问》,2013年09月10日。

[2] 马骏骐:《兀鲁伯简论》,《贵州师范大学学报》2002年第3期,第42—45页。

乌兹别克文学鼻祖

——纳沃伊

尼扎马丁·阿里舍尔·纳沃伊（Nizomiddin Alisher Navoiy，1441—1501年），乌兹别克斯坦杰出的诗人、思想家和政治家。他出生于呼罗珊王朝都城——赫拉特城（位于今阿富汗境内）的突厥族巴尔拉斯部落一个贵族家庭，自幼接受各种文化知识熏陶，耳濡目染，对语言文学产生了浓厚的兴趣。他阅读各种阿拉伯、波斯文学书籍，对波斯语的掌握如同母语。纳沃伊15岁便登上诗坛，尽管屡遭打击迫害，辗转流徙，饱尝世间辛酸，仍顽强坚持写作。他一生共写了数千首抒情诗和叙事诗，还写了传记和许多有关语言文学、哲学、音乐、阿鲁孜韵律的学术著作，最负盛名的有《五部诗集》（又名《海米赛》）、《思想的宝库》和《四部诗集》（又称《精义宝库》）等，作品内容和形式丰富多样。纳沃伊是15世纪中亚文化的重要代表人物，始终倡导用察合台文写作，他的著作开拓了乌兹别克及其他突厥民族文学史上辉煌的"察合台文学时期"，为促进察合台文学发展起到了无可比拟的重要作用，影响了其后500年的文学发展历史。

01
一生起伏的命运

公元 1441 年 2 月 9 日,纳沃伊诞生于当时中亚文化中心之一的呼罗珊王朝都城——赫拉特城。他原名叫尼扎马丁·米尔·阿里舍尔(Nizomiddin Mir Alisher),"纳沃伊"则是他的笔名。他出身于突厥族巴尔拉斯部落,祖辈都是贵族。据传纳沃伊的亲戚曾长时间在帖木儿王朝宫廷里做官,他的外祖父同帖木儿三子米兰沙之孙阿布·赛义德·米尔扎是同一宗族。

纳沃伊的父亲季亚萨丁·基乞基奈·巴合西,曾担任呼罗珊总督吾布利卡斯木·巴布尔的宫廷书记官。纳沃伊的叔伯都是文学和艺术家,家里平时往来的客人也都是一些文人雅士,因此他自幼就对文学产生了浓厚的兴趣,阅读了各种阿拉伯、波斯文学书籍,这为他用两种语言进行文学创作奠定了基础。

1442 年,纳沃伊的父亲受邀担任萨卜泽瓦尔城(位于今伊朗东北部)的埃米尔职务。5 年后,在赫拉特执政的帖木儿四子沙哈鲁逝世,帖木儿王朝内部发生了权力争斗。当时年仅6岁的纳沃伊便随父亲离开赫拉特前往伊拉克。他们途经塔夫特（今伊朗中部）时，参加了苏菲教堂旁举行的宴席，在这里结识了帖木儿王朝的著名史学家歇里甫丁·阿里·雅兹迪。这次会见给幼小的纳沃伊心里留下了极为深刻的印象。

纳沃伊15岁便登上诗坛，他的童年诗作曾受到前辈诗人鲁提菲的奖赏。1456年，纳沃伊同沙哈鲁之孙阿布·卡西姆·巴布尔·米尔扎一同前往马什哈德（位于今伊朗东北部）。到了马什哈德之后，他便开始用两种语言——波斯语和突厥语写诗，很快便获得了"双语诗人"的美誉。他通常用笔名为诗歌署名，用波斯语创作的作品署名"帕尼"（隐士之意），用突厥语写的诗则署名"纳沃伊"（无声、呐喊、知心人之意）。

1457年，巴布尔·米尔扎在马什哈德辞世。纳沃伊在此地又停留了一段时间，努力充实自己。在其父逝世之后，他又回到赫拉特城，为执掌政权的帖木儿三儿子米兰沙之孙阿布·赛义德·米尔扎工作。由于阿布·赛义德·米尔扎与其堂兄侯赛因·拜卡拉之间关系并不和睦，而纳沃伊同侯赛因之间关系密切，因此受到了阿布·赛义德·米尔扎的排斥。1466—1469年，纳沃伊一直住在撒马尔罕，在穆斯林学校学习。在这里他交到了很多好朋友，并对政治产生了浓厚的兴趣。1469年，阿布·赛义德·米尔扎在与白羊王朝雄主乌尊·哈桑的战争中阵亡，呼罗珊王位落入侯赛因手中。纳沃伊回到他的家乡赫拉特城，做了朝廷命官，成为其童年玩伴、而今的国王侯赛因的幕僚大臣。

纳沃伊和帖木儿家族米尔扎·拜卡拉之孙侯赛因·拜卡拉是从小的玩伴，在学堂一起学习与成长，两人之间建立了深厚的友谊，无论在学业上还是在兴趣爱好上，都十分投缘。侯赛因对建筑、花园设计、艺术、诗歌、散文、书法、音乐以及包含医学在内的科学表现出的浓厚兴趣，为赫拉特的文化发展做出了卓越贡献。当时赫拉特城宫殿成了诗人、艺术家、哲人的乐园，他们常常聚在那里讨论各种学术问题，切磋诗歌和艺术创作，国王侯赛因给予他们丰厚的犒赏，极大地促进了当时的文学和艺术发展。

纳沃伊平时经常与侯赛因谈论国家大事，讲述怎样治理政事和如何使人民得到幸福的道理，极力主张把贵族们占有的土地和水源分给百姓。他的这一主张触怒了朝中的贵族们，因此纳沃伊在宫廷内屡被敌视，受人排挤，但他却丝毫不动摇。据一些资料记载，当时奸臣马扎维丁早有叛逆之心，他勾结沙哈鲁之孙米尔扎·穆罕默德·雅迪卡尔起兵攻打首都赫拉特城。侯赛因召集朝中大臣商量抗敌计策，纳沃伊当面献策，得到了侯赛因赞赏。按照纳沃伊的计谋，侯赛因的军队迅速打败了雅迪卡尔，并在战斗中生擒了他。但侯赛因念其是帖木儿家族后代，对其网开一面，没有严厉惩处。

雅迪卡尔贼心不死,时刻在暗中窥探时机,欲推翻侯赛因政权。终于他等到了机会,趁侯赛因去夏宫避暑的时候,出其不意地带军占领了赫拉特城。侯赛因闻讯后大吃一惊,准备带领大军返朝进行讨伐。马扎维丁心怀鬼胎,勾结占卜巫师,以星象浑暗不利出师迷惑侯赛因。纳沃伊一再劝说,必须趁对方未站稳脚跟时马上回朝,但侯赛因始终犹豫不决。突然纳沃伊想到一出妙计,去找了当年修城的石匠,石匠告诉他一条能通到宫里去的暗道。于是纳沃伊只带了3个人趁夜通过水闸潜入到雅迪卡尔的内室,活捉了正在床上睡觉的雅迪卡尔,轻而易举地解决了这起政变。侯赛因把雅迪卡尔关进了大牢,命马扎维丁之子曼苏尔看守他。雅迪卡尔私语曼苏尔,把其父马扎维丁与他合谋的秘密全盘托出,想威逼曼苏尔放他逃生。没想到曼苏尔怕其父亲的秘密暴露,在牢里将雅迪卡尔刺死。

纳沃伊平定了雅迪卡尔之乱后,被国王侯赛因任命为大宰相。1472年,纳沃伊获得了"埃米尔"称号,但这更激起了贵族们心中的不满。马扎维丁利用种种奸计,千方百计挑拨离间侯赛因与纳沃伊之间的感情。最终侯赛因还是被马扎维丁的阴谋诡计所迷惑,罢免了纳沃伊。纳沃伊所爱之人居丽因也被马扎维丁下毒,惨死在沙漠中。

1476年纳沃伊与侯赛因关系开始转冷,他辞去了官职,离开了宫廷，在一个靠近海边的地方生活了很久，期间创作了许多不朽诗篇。

辞官后的纳沃伊开始建立自己的社会交往圈子，结交了许多科学家、思想家、艺术家、音乐家、诗人和建筑师等，并为他们的工作提供赞助和支持。纳沃伊对当时的学术发展产生了重要影响，除当官时积极辅佐国王致力于赫拉特文化的繁荣外，他还帮助许多有才华的学者进行更宏大的文化创造。

纳沃伊积极倡议并带领大家在赫拉特运河岸边建设宗教学校、图书馆、医院。作为一个思想家，他还加入了苏菲纳格什班底耶修道院，体验苦行僧的生活，这些在其后来的作品中都有所反映。

后来国王侯赛因念及旧情，重新召纳沃伊回宫。当纳沃伊回到了赫拉特时，市民都出来迎接他，并劝他不要进宫。此时的纳沃伊把他的政治理想寄托在侯赛因的子孙身上，但他回到宫中后看到的局面令他大失所望，因为侯赛因的子孙早已被奸臣马扎维丁所害。

此时的纳沃伊仍是侯赛因的亲信。1479年，侯赛因在为镇压米尔扎·阿布·伯克里的造反而进军阿斯特拉巴特时，把纳沃伊留在了赫拉特处理政务。1487年，纳沃伊被任命为阿斯特拉巴特的总督。但由于远离赫拉特城，纳沃伊不甘心偏居一隅,故于1488年辞去官职,回到了赫拉特,又于1490年放弃了"埃米尔"称号作为侯赛因的密友留在了宫廷里。

纳沃伊之所以三番五次辞官,一方面是宫廷纷争令其厌倦,比如侯赛因的儿孙们争夺王位的斗争、宫内针对他的各种流言蜚语、因其亲属革职和处罚而受到牵连等,所有这些都令纳沃伊身心疲惫。另一方面,也因为他的出身问题在许多场合都遭到不应有的歧视。尽管他是高级官吏,但在许多场合都被安排在其他大臣下席就座,让他感到愤愤不平。他想躲避这些争斗和烦心事,以便潜心从事创作。此外,1489—1492年,纳沃伊的导师和挚友赛义德·哈桑和阿布杜拉赫曼·贾米相继去世,这对纳沃伊打击也很大。

1498年,纳沃伊前往马什哈德,并请求去朝觐。由于路途艰险,他的请求未被批准,于是又回到赫拉特。他最后的时间是在赫拉特城从事创作中度过的。1501年11月3日,纳沃伊突发脑出血辞世,被葬于赫拉特一处他生前自己建造的清真寺中。碑文上只刻着这样一行字:"尼扎马丁·阿利舍尔·纳沃伊安息之地。生于1441年,卒于1501年。"

纳沃伊一生共写了63部书、数千首抒情诗和叙事诗,诗歌作品内容丰富、形式多样。他博学多识,不仅对鄂尔浑、高昌、喀喇汗、帖木儿各个时期的文化了如指掌,还翻译了大量的波斯文学作品。同时在古希腊、罗马哲学,阿拉伯科学,波斯诗歌学等方面都有很高的造诣,为这一时期的察合台文学的发展,起到了无可比拟的巨大作用。

纳沃伊生前把自己的许多诗歌谱成曲演唱。他谱曲时,常常由于过度兴奋和激动昏倒在乐谱旁。他创作的纳沃伊木卡姆蜚声世界乐坛,500年来一直在中亚各族人民中传唱不衰,对中亚、西亚、北非、南欧许多地区的音乐产生了重大影响。

02

独特的文学思想与成就

在纳沃伊生活的那个年代,赫拉特城是中亚文化的中心,良好的家庭教育与社会氛围,为他的卓越成就奠定了基础。青少年时代的纳沃伊不断研习维吾尔、波斯、阿拉伯的文学以及历史、哲学、天文、历算等,还攻习过绘画和音乐。他聪明好学,记忆力惊人,又经受过一些知名学者的指点,在文化领域诸多方面都取得了卓越成就。纳沃伊出身名门显贵,但又遭受打击迫害,辗转流徙,饱尝世间辛酸,目睹人生苦难,这对他的思想产生了巨大的影响。

纳沃伊创作的一个显著特点是,他的著作是用当时的突厥语,即古典察合台语写成的,这与当时以波斯语为时尚的文学思潮形成反差。在《两种语言的争辩》一书中,他怀着高度的民族自豪感,以精辟的学术见解对波斯语和突厥语做了比较,通过许多具体例子证明了突厥语词汇丰富、便于使用的优点,在艺术创作上丝毫不亚于波斯语,将突厥语提高至一种高超的艺术语言水平。不可否认,"纳沃伊是在帖木儿时代于诗歌、音乐、书法和语言艺术上把古典伊朗形式同古代中国维吾尔传统相结合,在文化上创造了新高峰的'操突厥语'伟大诗人和艺术家"。

纳沃伊一生中著有大量抒情诗、长诗和传记,他的抒情诗打破了那个时代封建统治者的思想樊笼,歌颂了当时社会的崇高理想。他坚决反对中世纪野蛮黑暗的统治,否定蒙昧主义,提倡人文主义,尊崇人的尊严,探索人性解放的道路。纳沃伊曾目睹黑暗蒙昧、压迫奴役给人们带来的深重灾难:一边是欢笑,一边是呻吟;一边是聚敛的金银堆积如山,一边是被劫的百姓一贫如洗;一边是骄奢淫逸,一边是啼饥号寒;还有争夺王位的内讧和战祸所带来的破坏……这一切都使诗人感到无比愤慨。他通过自己的诗歌发出强烈的呼吁,渴望将人民从这频仍的灾难中拯救出来。纳沃伊的许多诗中都将人民置于首位。当然,像他所希望的那种公正的王国在那个时代是不可能出现的,因此,他把自己所处的环境比喻成恶龙盘踞的地方。

虽然纳沃伊怀着进步的理想，追求真理，但是他无法从黑暗现实中寻到自己的理想。由于时代的局限，他也无法理解其中原因，这就造成了他思想上的极大痛苦。在其一些抑郁、悲伤的诗句中常常流露出愤世嫉俗的激情，因为无法实现自己美好的理想，所以他希望天降大火，将这"苦难的生活一下焚尽"。

纳沃伊的抒情诗中有相当大一部分是以爱情为主题的，诗中主人公通常以第一人称"我"出现，把"我"作为一个爱情专一、生死不渝的情人来加以描写。纳沃伊认为恋人之间应该互相忠诚，因为在诗人看来，出自诚挚的爱的追求本身就是一种幸福。但是，在纳沃伊生活的那个时代，爱情在封建专制主义的钳制之下往往伴随着不幸和悲剧。诗人在其作品中深刻而形象地表现了千百万人在爱情生活中所笼罩的这种阴影。

纳沃伊还在创作中猛烈抨击宗教羁绊，反对遁世思想，呼吁人们热爱生活，面对现实，积极发现现实生活的乐趣。他认为酒与爱情是人生欢乐的标志和象征，因此诗人推崇豪饮。他把酒馆与宫廷互相对立起来，把掌管斟酒的侍者、酒店主人与宣扬来世的苦行僧对立起来，把尘世的欢乐与虚无缥缈的天堂之说对立起来。在这类题材的诗中，纳沃伊以极其犀利的语言把苦行僧、方士们嘲讽、揶揄得一文不值,并在不少诗中藐视当时奉为清高圣洁的清教徒的宗教信念。

纳沃伊最负盛名的作品是《五部诗集》,又名《海米赛》。诗集中的五部长诗,虽然是根据民间流传的古老传说的情节和以往诗人写过的传统题材创作的,但是诗人在处理这些题材和故事时进行了大胆创新。他在原有情节的基础上,根据自己的理想塑造了在当时具有深刻现实意义和高度浪漫主义的人物形象。在这方面,《法尔哈德与希琳》这部长诗具有特殊价值,在描写的思想深度与艺术力度上都别具匠心,具有深刻的社会现实意义,影响深远。

这五部长诗相辅相成,集中表现了那个年代先进思想的前驱者纳沃伊的理想和情操,艺术性与思想性达到了出色统一,每部诗歌中叙述的故事都充分反映了当时的社会问题。

《五部诗集》的第一部是哲学长诗《正直人的惊异》(1483年),每章为一论,每论都通过一个具体的故事阐述一个问题,矛头指向贪官、污吏、暴君及其丑恶的人和事。在这部长诗中,纳沃伊对统治阶级形形色色的上层人物的残暴和虚伪进行了大胆揭露和辛辣讽刺,他站在民众百姓一边,与他们同呼吸、共命运。他写道:群众的忧伤你怎能不痛断肝肠,终日恍然?倘是真正的人,怎能不与百姓同忧同乐?脱离民众的忧乐,不得进入"人"之列。

《五部诗集》的第二、三、四部,是写爱情的欢乐和离别的悲哀的。《莱莉与麦吉依》这个故事来源于阿拉伯传说,莱莉和凯伊斯同在私塾学习,两人互相爱恋,但因为分属于不同的部族而被迫分离。莱莉的父亲将她嫁给许萨拉之子,凯依斯因此变得半痴半傻,被人称作麦吉依(疯子)。两人均在痛苦中度日,但仍坚持着心中坚贞的爱情及对苦难和命运的抗争。长诗中包含着民族文化的底蕴,体现了悲剧的美学意义,是一部著名的爱情悲剧。

《法尔哈德与希琳》这一作品是从波斯著名叙事诗《霍斯罗与希琳》演变而来,是一部具有浓郁东方色彩的爱情悲剧。但无论从思想性还是艺术性来看,后者都比前者高出一筹。故事以亚美尼亚为民造福的水利之地为背景,描述了古代中国和田王子法尔哈德与心地善良、容貌出众的希琳公主之间真诚相爱、至死不渝的爱情悲剧。与其他诗人不同的是,纳沃伊把法尔哈德提升为诗作主人公,使之成为勤劳、勇敢、忠诚和热爱人民的理想的化身。他笔下的法尔哈德是一个多才多艺、文武双全的英雄,心地纯真、天性聪颖、勤奋好学,为了民众可以奋不顾身,甘愿把自己献给大家。

《七星图》叙述了荒淫无道的巴赫拉木皇帝的一生。巴赫拉木最初还能秉公办事,但是后来沉迷后宫美女——迪拉拉的美色,耽误国民大事,最终国破家亡。这个故事在中亚地区广为流传。诗人分别借用了七个类型的人物代表十种道德品质，为维吾尔文学中的人物刻画、描写从外形到内心的活动开了先例。

《五部诗集》的第五部《伊斯坎德尔城墙》是写理想国家和理想君主的。诗中描绘了一位和欧洲历史截然不同的亚历山大大帝，这位大帝正直善良，具有高贵的品质。为了拯救人民于野蛮人的铁蹄之下，他组织了一支平民部队，但因寡不敌众而面临危险，此时亚历山大宫中一名宫女女扮男装，挺身而出与敌人英勇搏斗，并取得胜利。亚历山大对她的英勇赞赏有加，拥抱过后始问姓名原委，姑娘这才摘去面罩，露出真容。这部诗集和《七星图》都是纳沃伊的精彩之作，对当时当权者侯赛因产生很大影响。

《五部诗集》虽然是由五部内容结构互不衔接的大型叙事诗组成，但用的是双行诗的形式、按统一的诗歌格式写成。最终经过汇编形成文学诗集，称为"海米赛"题材诗。虽然"海米赛"是许多诗人创造的共同题材，但并非所有诗人都获得成功。纳沃伊是第一个以"突厥语"成功地创作了5部诗集的大师，并为后人在借鉴传统创作形式"海米赛"方面奠定了基础。这部诗集是纳沃伊文艺创作的顶峰，它不仅写了诗人所处时代的地域性问题，还写了世界性问题，涉及道德品质、科学文化、国家安宁和家庭幸福诸多内容，反映了当时最新、最高的哲学观、认识论及科学水平，是中亚其他语系文学史上的划时代作品。

除上述作品外，纳沃伊还写了表现其哲学观点的长诗《鸟语》、赞颂社会各种职业的长诗《情之所钟》、对比突厥语与波斯语的不同特点并肯定突厥语的优越性的《两种语言的争辩》、分析阐述诗歌韵律的《韵律的标准》，以及介绍当代诗人的《文坛荟萃》等。这些著作对突厥及维吾尔族文学也产生了巨大影响。

在《鸟语》这部著作里，诗人通过多种体裁展现了自己深厚的文学功底，利用各种鸟类角色反映了诗人的哲学思想。纳沃伊在《鸟语》中探讨了人、宗教与自然三者的关系，用借喻和象征手法把"凤凰、戴胜鸟、普通鸟"比拟为"上天、苏非派信徒、人"。他认为"上天"不在宇宙之外而在宇宙之中，是代表一切的珍宝。这部著作不仅仅是纳沃伊世界观的主要反映，更是了解当时社会形态学的一部珍品。

诗人晚年所写的《情之所钟》，总结了从青年到晚年整个人生过程的经验，是诗人政治观点、道德观念、哲学思想的结晶。他提出不管从事什么职业、采取什么手段生活，人们都要忠于职守，遵守职业道德，努力学习专业知识，提高专业水平，老老实实地工作，为人民谋利益。

《两种语言的争辩》是一部语言学方面的书，表现了纳沃伊在维护并发展突厥语言上所做的努力。

《文坛荟萃》属于传记性题材作品，介绍了诗人及其同时代的459名作家生平和作品，记载了每人生卒年、家谱、社会地位、个人志趣等并给予评价。其中有35人的内容是用突厥语进行创作的，为民族传记文学发展做出了贡献。

纳沃伊生活的时代正是中亚各种文化相互碰撞的时期，他的作品充分反映了那一时期文学的多元化内涵。其中，最值得称赞的是，纳沃伊敢于正视现实，毫无保留地把自己的世界观反映在其作品中。在他的作品中，人物形象多具有现实性，内容充满了人文色彩，务实而不过激，不仅可以看到其诗歌作品的精美，还能领略到诗人忧国忧民的宽阔胸怀。这正是同一时期其他文学创作者所不能企及的。纳沃伊的文学遗产，不论就其成果丰硕而言，还是就其富于思想内容和艺术的完美性而言，都是无与伦比的，是中亚民族史上不朽的巅峰。

纳沃伊在乌兹别克文学史上做出了卓越贡献，被公认为乌兹别克文学的奠基人。为了纪念这位伟大学者，乌兹别克斯坦的许多建筑、车站、街道、研究机构等都以纳沃伊名字命名：纳沃伊州、塔什干纳沃伊艺术剧院、纳沃伊国家公园、纳沃伊大街、纳沃伊地铁站等。一些街心花园建有纳沃伊塑像，乌兹别克斯坦货币上也印有纳沃伊头像。2010年，塔什干新建了纳沃伊图书馆,市区建立了纳沃伊纪念碑。各国领导人访问乌兹别克斯坦时,总会到这个纪念碑前向这位伟人献花致敬。乌兹别克斯坦政府以及各大院校、国家机关等每年也会组织举办纪念纳沃伊诞辰的活动。

03
纳沃伊与中国

纳沃伊在中国一直被视为维吾尔族文学的奠基人和主要代表,他生前创作的大量文学作品所使用的语言——古突厥语实际上就是近代的维吾尔语。从历史上看,近代意义上的维吾尔族在东察合台汗国和叶尔羌汗国时期便已形成。尽管当时的统治者都是蒙古贵族后裔,但其统治的百姓绝大多数是畏兀儿人。他们在社会生活交往中逐渐同化,演变为近代的维吾尔族。而今的哈萨克族、柯尔克孜族、乌兹别克族、塔吉克族也是从那时起才逐步形成。近代维吾尔语在 13 世纪到 20 世纪 30 年代的中亚地区被广泛使用。

纳沃伊对中亚国家民族文学史上具有无人可比的影响力,在世界文学史上也占有一席地位。在国际纳沃伊学研究领域,意大利人视纳沃伊为"但丁",俄国人更是把纳沃伊放在与普希金同等位置研究。据考证，从 15 世纪开始至 20 世纪初，在用突厥语抄录成书的作品中有近一半是纳沃伊作品的各种版本。一些专家指出，要了解纳沃伊之后 5 个世纪内中亚的出版、书法、艺术手抄本和细密画行业的发展过程，只需窥纳沃伊作品手抄本之一斑便可知全豹。

纳沃伊作品的手抄本流传范围相当广泛，几乎遍布伊斯兰世界各地。目前纳沃伊作品在全球 88 个国家的图书馆或博物馆被收藏。土耳其伊斯坦布尔的法提图书馆收藏了 7 本纳沃伊本人的手稿，价值 2000 万美元。除此之外，在其他地区各图书馆中保存的纳沃伊作品各种手抄版本达 1000 余卷。

中国是纳沃伊学发祥地之一，新疆地区在对纳沃伊作品的抄录、保存、传播等方面均起到了十分重要的作用。至今新疆各地都发现了许多纳沃伊作品的手抄版本。

据有关资料记载，纳沃伊逝世之后，他的作品就被传到了新疆，并产生了深刻的影响。尤其是在叶尔羌汗国时代（1514—1678 年），对纳沃伊作品进行阅读、抄录和整理的工作非常普及，由此产生了多种多样的纳沃伊作品手抄本，为纳沃伊学在新疆的形成打下了基础。当时的维吾尔作家、诗人和其他文人一方面从事自己的文学创作；另一方面则从事古典文学作品的抄录和整理工作。他们在对纳沃伊等知名诗人的作品进行抄录的过程中，将之吸收到自己的创作中去。

模仿纳沃伊作品写作在当时形成了一个潮流，尤其是借助纳沃伊《五部诗集》中长诗的题材创作新作品十分流行，并得到了广泛发展。为了使纳沃伊《五部诗集》更好地在群众中传播，一些成熟的文人还把它们变成了散文体的作品。纳沃伊作品对维吾尔书面文学产生深远影响的同时，也影响了民间文学，出现了许多民间长诗、传说和传奇故事。

新疆和卓统治时期（1678—1759年），许多诗人如艾尔西、赫尔克提、翟利里、哈拉巴提诺毕提等，都把纳沃伊视为引路人，模仿他的抒情诗创作了自己的作品。

中华人民共和国成立之后，政府非常关心伟大诗人纳沃伊的生平探索、著作发掘和研究状况，注重纳沃伊抄本的搜集与整理工作。政府投入了很多专项资金，多次组织专家搜集各种版本，并予以妥善保存；对纳沃伊生平与作品展开仔细研究；将纳沃伊相关介绍编入新疆维吾尔自治区初中与高校文科教材之中；把他的主要作品用现代维吾尔语进行出版，并将其部分著作被译成了汉文。

1952—1959年，新疆文化部门多次派人去疆内各地搜集古代手抄本和文献。据粗略统计，搜集到手抄本和文献总数超过了2000件，其中1950年发掘的古代手抄本中有400余本是纳沃伊作品；1957年在莎车搜集的700多本手抄本中有150余本是纳沃伊作品。这些资料部分存放在自治区博物馆、研究机构和大学等单位的资料室和图书馆。在新疆维吾尔自治区作家协会的安排下，阿合买提·孜亚依和阿布力米提·肉孜将1950—1957年搜集到的90余部维吾尔古代文学手抄本进行了整理。新疆维吾尔自治区博物馆筹备处编纂了《维吾尔古典文学手抄本目录》一书，于1957年用维文印制，书中列述了70多部作品，其中包括纳沃伊作品的简要介绍。

自1950年起，新疆文化部门开始了搜集、整理东方音乐瑰宝《十二木卡姆》的工作。这项工作于1955年基本告一段落，其间记录了2480多行木卡姆歌词。《十二木卡姆》歌词中有39种曲调是以纳沃伊的格则里、柔巴依、断诗为歌词进行演唱的。在这项工作中，喀什著名音乐家吐尔地·阿洪做出了巨大的贡献。从1957年1月开始，拜城诗人尼姆希依提对艾赛都拉大毛拉整理的木卡姆歌词进行了重新整理。1958年8月，经音乐家万桐书先生整理的首部《木卡姆词》交给了上级部门，并译成了汉文。这是中华人民共和国建立以后，包括《木卡姆词》在内的纳沃伊抒情诗首次译成汉文。1964年5月，《十二木卡姆》由中国音乐家协会新疆分会编成维文，于1988年由新疆青少年出版社正式出版。

《木卡姆》是维吾尔族传统大型音乐剧，被称为"维吾尔族音乐之母"。它是阿拉伯木卡姆经典音乐调式与维吾尔族本土民歌融合的艺术。"中国新疆维吾尔木卡姆艺术"已于 2005 年入选联合国教科文组织"人类口头和非物质遗产代表作",是继我国昆曲、古琴艺术后的第三项世界非物质文化遗产。

1962 年,新疆维吾尔自治区少数民族社会和历史调查组依据所搜集的资料和文献编写了《新疆图书目录》一书,采用维文油印;阿不都热西提·伊斯拉米编写了《有关新疆研究的旧书目录》一书,该书在中国社会科学院民族研究所主持下,于 1965 年 11 月用维文油印,这两部图书中均含有几十部纳沃伊作品的简介。

近 10 年来,中国学术界对纳沃伊各方面的研究从未停止过。2011 年,由中国维吾尔古典文学和木卡姆学会主办的纳沃伊诞辰 570 周年国际学术研讨会在乌鲁木齐举办,会上首次展示了《纳沃伊全集》30 卷中的《精义宝库》4 卷专著。

2017 年 3 月 13 日,为庆祝中国与乌兹别克斯坦建交 25 周年,在上海大学举行了阿里舍尔·纳沃伊雕像揭幕仪式,该纪念碑雕像的作者是当代乌兹别克斯坦著名雕塑家加罗里金·米尔塔德杰夫。

纳沃伊作为丝绸之路文化交流史上的一颗巨星,继承了鄂尔浑、高昌回鹘、喀喇汗及帖木儿时期的文化传统,吸取了所有东西方文化的精华。他那爱祖国、爱家乡、爱人民的思想永远熠熠生辉；他那富有哲理性的格言、警句，至今还在广大的维吾尔族人民之中流传。

作者：刘晓音　张健荣

参考文献：

[1] 海热提江·乌斯曼：《纳瓦依学研究状况评述》，《民族文学研究》2002年第3期，第49—54页。

[2] 伊力夏提·艾沙：《国内外"纳瓦依学"研究状况》，《青年学家》2012年第26期，第44—45页。

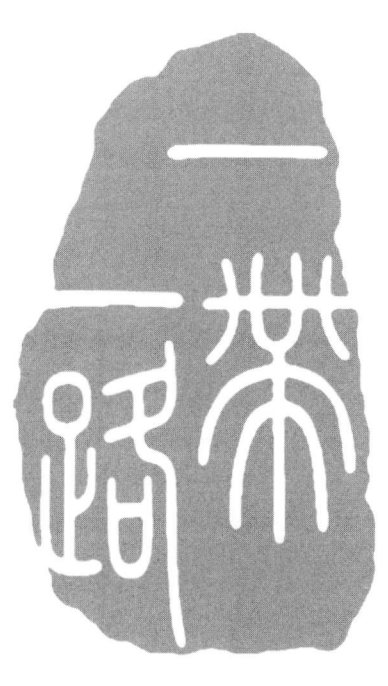

后　记

"一带一路"相关国家众多，代表性人物众多，为中外交好、民心相通作出杰出贡献的人士众多，因此，为"一带一路"璀璨群星立传，既使命光荣，又责任重大。在这项浩大工程的策划、组织、执行过程中，有许许多多的人士参加了有关传主的名单征集和审定，以及写作、翻译、审读、编辑、出版、筹资、联络等繁重而琐细的工作。所有参与的人员，以拳拳报国之心，尽深厚学养之力，克服了时间紧、任务重、要求高、压力大等诸多困难与挑战，最终圆满完成了任务。在本书付梓之际，丛书编委会特向参与本项目的全体同志致以崇高敬意和衷心感谢！

同时特别需要鸣谢的是，提出策划并领导实施此项目的中国传记文学学会会长王丽博士。基于长期法律实务经验和担任"一带一路服务机制"主席职务的便利，她对相关国家和走出去的"一带一路"建设者和广大青少年的需求了解真切，提出应当为他们写一套介绍各国典型人物的简明易读的传记，为他们提供健康的精神食粮。她把这项"额外"的工作当成了事业，联袂商会筹集资金、苦口婆心招揽作者、精心挑选传主名录、夙夜青灯挥笔写作、近乎偏执逐字推敲、亲力亲为呕心沥血。面对如此浩大的出版项目和繁重的出版任务，当代世界出版社毅然承担了绝大部分图书的出版任务，而且出版社的领导与中国传记文学学会的负责同志一起协商，寻求有关部门的支持和帮助，努力将该传系打造成高质量的精品好书。在此，我们特向项目牵头人和当代世界出版社相关领导和编辑致以崇高敬意和衷心感谢！

尤其让我们感动的是，在项目执行过程中，一些富有家国情怀的民间商会和企业家的慷慨解囊，虽不足以支撑项目的全部费用，但是他们所表现出的热心和支持，让我们坚定了走下去的信心和决心。在此，我们要特别鸣谢为本书的创作出版做出捐赠支持的中国民营经济国际合作商会、亿阳集团股份有限公司、富通集团有限公司以及太平洋证券股份有限公司，并对他们的拳拳报国之心和慷慨无私帮助致以崇高敬意和衷心感谢！

一项伟大的事业，离不开许多默默无闻的奉献者。在本传系的组织、编写、出版过程中，有历史、文学、科研、外交、教育、法律、翻译、出版等领域的数百位专业人士参与，恕不能在此一一详列。需要特别提出的是，鞠思佳、徐帮学、景峰等同志为组织联络、搜集资料到处奔波而毫无怨言，唐得阳、唐岫敏、白明亮、谭笑等同志在编写、翻译、编辑、校对过程中的细致与负责让我们感动，赵实、胡占凡、高明光、吴尚之、刘尚军、李岩、王灵桂、李永全、陈小明、许正明、宋志军等同志睿智的指点和专业的帮助让我们避免了走许多弯路。在此，我们特向以上各位同志致以崇高敬意和衷心感谢！

当然，由于我们水平所限，本丛书难免有某些不尽如人意之处和瑕疵，敬请学界专家和各位读者不吝赐教，我们将在作品再版之时吸收完善。在此，我们也向各位读者提前表示崇高敬意和深深感谢！

"'一带一路'列国人物传系"编委会

2019 年 3 月 30 日